JAZZ
IN FRANKFURT

Herausgegeben von
Wolfgang Sandner

mit Fotos von
Calle Hesslefors

SOCIETÄTS-VERLAG

Satz: Fotosatz Janß, Pfungstadt
Herstellung: May + Co., Darmstadt
Gestaltung: Dagmar Ronneburg
Abb. Rückseite: Fotoagentur Helga Lade
Printed in Germany 1990

ISBN 3-7973-0480-3

INHALT

Was Jazzmusiker noch bis in die sechziger Jahre zu hören bekamen, wenn sie sich bei einem Clubmanager um ein Engagement bemühten, läßt sich in den Erinnerungen des Pianisten Art Hodes nachlesen: »Was können Sie außer Musik machen? Tragen Sie komische Hüte oder Kostüme? Erzählen Sie Witze oder machen Sie Handstand?« Lange hat es gedauert, bis die Jazzmusiker Musik machen durften, in Amerika sogar noch etwas länger als auf dem alten Kontinent. Denn Amerika hatte zwar die Musik, Europa aber die Ohren, um sie zu hören. Städte wie Paris, Stockholm, Kopenhagen mit ihrer für den Jazz liberalen Atmosphäre besaßen für viele amerikanische Musiker seit den vierziger Jahren eine nahezu magische Anziehungskraft. In Deutschland war es vor allem die Stadt Frankfurt, die für Jazzmusiker Attraktivität besaß. Und dies aus mehreren Gründen. Zum einen gab es im Wirtschaftszentrum Frankfurt eine soziale Struktur, die dem Milieu amerikanischer Großstädte am nächsten kam. Zum anderen wurde Frankfurt als Sitz des Hauptquartiers der amerikanischen Streitkräfte in Deutschland in der unmittelbaren Nachkriegszeit am häufigsten von amerikanischen Jazzmusikern in ihre europäischen Konzerttourneen einbezogen. Darüber hinaus hatten die einheimischen Musiker wie sonst kaum in der Bundesrepublik die Möglichkeit, in amerikanischen Clubs und mit amerikanischen Interpreten Jazzmusik zu spielen. Nicht zuletzt aber war es das Wirken vieler deutscher Jazzmusiker, die noch während des Krieges Frankfurt zur Hauptstadt einer subversiven Klangwelt machten.

Von ihnen vor allem und ihren jüngeren Kollegen ist in diesem Buch die Rede. Sicherlich wird der Kenner viele Namen in der subjektiven Galerie der dreiunddreißig Portraits vermissen. Enzyklopädische Vollständigkeit, die ohnehin fast nie zu erzielen ist, aber lag nicht in der Absicht der Autoren. Ausgangspunkt für das Buch war im übrigen eine Reihe von Jazzmusiker-Biographien, die auf eine Idee der Kulturredaktion der Rhein-Main-Zeitung (dem Lokalteil der Frankfurter Allgemeinen) zurückgeht. Die dort bis 1989 erschienenen Artikel wurden aktualisiert, mit Auswahldiskographien versehen und um allgemeine Beiträge zum Jazz in Frankfurt ergänzt. Der Aufsatz über Fritz Rau erschien im Frankfurter Allgemeine Magazin, die Anekdote von Volker Kriegel über Adorno im Literaturmagazin »Der Rabe«.

Frankfurt am Main, 1990
Wolfgang Sandner

Die Jazzhauptstadt der Republik: Frankfurt am Main

»Immer wenn ich hier war, spürte ich beides: Weite einer Weltgesinnung und Nähe eines Heimatgefühls, Goethe und Friedrich Stoltze.« Würde Theodor Heuss heute noch einmal eine Rede in der Paulskirche zu Frankfurt halten können, er müßte einige weitere Dichter und Künstler mit einbeziehen: Mikis Theodorakis vielleicht oder Miguel de Cervantes. Frankfurt ist längst schon zur Heimat von Giovanna und Iannis, von Loca und Öczan geworden. Dennoch hat die Weite einer Weltgesinnung oft genug auch provinziellen Anstrich. Integrierte Frankfurter sind unsere italienischen, spanischen, griechischen und türkischen Gastarbeiter mit ihren Familien noch längst nicht geworden. Aber sie prägen unsere Kultur mit. In der Frankfurter B-Ebene unter der historischen Hauptwache – fast schon eine exterritoriale Zone – geben sich die Poeten vieler Zungen ein Stelldichein. Vorgriff auf eine tolerantere Gesellschaft? Man möchte es hoffen.

In einer Hinsicht jedoch war Frankfurt stets aufgeschlossener als viele urbane Zentren Deutschlands. Die heimliche Gesellschaft der Subkultur fand in dem mehr als sechs Jahrhunderte lang als Freie Reichsstadt fungierenden Frankfurt, das nie Hauptstadt eines Reiches, nicht einmal Bischofssitz gewesen ist, ihre Kapitale. Und wie um die Weite der subkulturellen Weltgesinnung nachdrücklich zu dokumentieren, richtete ein Ungar, der Komponist Mátyás Seiber, in Frankfurt 1928 am Dr. Hoch'schen Konservatorium (damals die Musikhochschule der Stadt) eine Jazzklasse ein. Sie mußte zwar aus politischen Gründen 1933 wieder geschlossen werden, aber es war immerhin das erste Mal, daß afro-amerikanische Musik an einer deutschen Musikhochschule gelehrt wurde. Seiber, in Budapest geboren, wirkte in seiner Frankfurter Zeit auch im angesehenen Lenzewski-Quartett als Cellist und an den Städtischen Bühnen als Theaterkapellmeister. 1935 emigrierte er nach London und blieb vorwiegend als freischaffender, nonkonformistischer Komponist tätig, der stilistisch kaum festlegbar war. György Ligeti widmete dem bei einem Autounfall 1960 im Krüger National Park tödlich verunglückten Mátyás Seiber seine revolutionäre Klangflächenkomposition »Atmosphères« für Orchester (1961).

Im Jahre der Emigration von Mátyás Seiber begann ein junger Mann an der Frankfurter Musikhochschule sein Studium, der später sozusagen extern Seibers Arbeit fortsetzen sollte: Carlo Bohländer. Bohländer war in vielerlei Hinsicht eine entscheidende Figur für die Entwicklung des Jazz in Frankfurt. 1939 ging er erstmals nach New York, wohl weniger – wie er das später selbst formulierte – zu Studienzwecken, vielmehr um den Jazz in seinem Ursprungsland kennenzulernen und möglicherweise auch, um sein Gefühl für Authentisches im Jazz zu schärfen. Zum Pionier dieser Musik wurde er dann in den frühen vierziger Jahren, zu einer Zeit, da die Beschäftigung mit Jazz als eine Form des ästhetischen Widerstands gegen die herrschende Kunstdoktrin des Nationalsozialismus aufgefaßt wurde, wenn nicht gar als eine politische résistance schlechthin.

Carlo Bohländer gründete noch im Jahre 1941 seine Hotclub Combo, eine Keimzelle nicht nur für den Jazz in Frankfurt, spielte in den internationalen Bands von John Witjes und Charlie Calmeyn (1942–44) und holte sich wohl als erster deutscher Jazzmusiker knapp zehn Tage nach Kriegsende von der amerikanischen Militärregierung die Erlaubnis, für Deutsche und Amerikaner Jazzmusik spielen zu dürfen. Damit nicht genug, veröffentlichte er – ebenfalls noch mit Genehmigung der amerikanischen Besatzer – 1947 seine erste Jazz-Harmonielehre und eröffnete schließlich nach französischen Vorbildern 1951 den Frankfurter Jazzkeller (»Domicile du Jazz«), der den einheimischen Musikern als Spiel- und Begegnungsstätte diente und von vielen amerikanischen Musikern nach ihren Frankfurter Konzerten zu After-hour-sessions mit ihren deutschen Kollegen genutzt wurde.

Ohne Carlo Bohländers Engagement für den Jazz wäre Frankfurt in der Nachkriegszeit sicherlich nicht zur führenden Jazzstadt Deutschlands geworden, die für deutsche und ausländische Musiker eigentlich bis heute attraktiv geblieben ist. Bohländer war unverzichtbares Original der urbanen Subkulturszene, aber er repräsentierte sie selbstverständlich nicht alleine. Gerade durch solch überragende Musiker wie Emil und Albert Mangelsdorff, Joki Freund und Heinz Sauer, die zudem noch – trotz ihres internationalen Renommés – im Grunde immer hier geblieben sind, hat sich der Ruf Frankfurts als ein gutes Pflaster für Jazz begründet. Und natürlich auch, weil der Konzertagent Fritz Rau sein strategisches Hauptquartier für seine Tourneen in Frankfurt aufgeschlagen und sich mit dem Schlagzeuger Horst Lippmann aus dem Bohländer-Kreis zusammengetan hatte, einem eminenten Kenner der internationalen Jazzszene.

In den frühen sechziger Jahren stimmte in Frankfurt alles: Hier gab es eine vitale Musikergilde mit dem angesehensten deutschen und vielleicht sogar europäischen Jazzer Albert Mangelsdorff an der Spitze. Hier residierte die wichtigste Konzertagentur für Jazz- und Popmusik, Lippmann & Rau. In Frankfurt gab es mit dem Hessischen Rundfunk eine Radiostation, die es sich als einzige in der Bundesrepublik leistete, ein festes Jazzensemble zu beschäftigen. Hier wurde das Deutsche Jazz Festival ins Leben gerufen, das heute das älteste seiner Art auf der ganzen Welt (Amerika eingeschlossen) ist, hier hatten sich der Jazzkeller, ein Jazzhaus und zahlreiche weitere Spielstätten für traditionellen und modernen Jazz etabliert. Nicht zuletzt gab es in Frankfurt eine durch die Studentenbewegung und die Kritische Theorie der sogenannten Frankfurter Schule gekennzeichnete intellektuell-oppositionelle Atmosphäre, die den Geist des neuen Jazz prägte und zugleich förderte.

Dieses Ansehen, die Jazzhauptstadt Deutschlands zu sein, kann Frankfurt heute nicht mehr so leicht beanspruchen. Paradoxerweise liegt es weniger daran, daß sich die Situation für den Jazz in dieser Stadt verändert hat, sondern wohl eher daran, daß im Grunde alles beim alten geblieben ist. Noch immer zieht Albert Mangelsdorff seine esoterische Bahn als Koloss des Jazz in Deutschland, noch immer wimmelt es in der Stadt geradezu von hochbegabten jungen Musikern. Und auch die Infrastruktur der Subkultur mit dem Jazzkeller, einem ganzen Dutzend neuer Konzerthallen und Clubs, mit den konzertierten Superproduzenten Europas »Lippmann & Rau & Mama Management«, dem Jazzensemble des Hessischen Rundfunks und dem auch mit Gewalt nicht umzubringenden Deutschen Jazz Festival.

Aber Frankfurt bekam seit dem Ende der sechziger Jahre Konkurrenz. Peter Brötzmann hat ganz alleine Wuppertal auf die Landkarte des Jazz in Deutschland gesetzt. Das Jazzfestival in Moers ist seit Jahren die wichtigste Börse des avantgardistischen Jazz geworden, in Berlin, in Stuttgart, in Hamburg, vor allem in Köln haben sich die Szenen neu belebt, oder es sind neue entstanden, die mit dem Elan des Aufsteigers der hessischen Metropole des Jazz den Rang streitig machen. Frankfurt sollte die Herausforderung annehmen. Substanz, das heißt aktive, kreative Musiker, besitzt die Stadt nahezu im Überfluß. Aber daß der Jazz an der Frankfurter Musikhochschule – nach dem Seiberschen Intermezzo in den dreißiger Jahren – noch immer nicht heimisch geworden ist, daß das Fernsehen des Hessischen Rundfunks seine einzige kontinuierliche Jazzsendung »Focus on Jazz« eingestellt hat und damit das Deutsche Jazz Festival in akute Gefahr brachte, daß die großen regionalen Schallplattenfirmen CBS und Bellaphon – immerhin auf eine gewisse Jazztradition zurückblickend – die einheimischen Musiker so gut wie nicht aufnehmen, daß die Konzertveranstalter lieber Peter Maffay als Jan Garbarek oder Heinz Sauer vorstellen, daß schließlich die jungen Musiker, sozusagen wie in der vorindustriellen Zeit der populären Musik, Übungsplätze in stickigen Kellern suchen müssen, gehört eigentlich zu den Kulturskandalen jener deutschen Stadt mit dem weitaus höchsten Kulturetat im Lande.

Für einen Bruchteil dessen, was die Stadt in ein Haus des Musicals investiert, für eine Gattung, die hier keine Tradition besitzt und – um es mit Adornos Begriffen zu sagen – längst enteignetes musikalisches Material wiederkäut, für einen Bruchteil dieses Geldes ließe sich ein wirkliches »Jazzhaus« mit Spielstätten, Übungsplätzen, Bibliothek und Discothek, vielleicht sogar mit einer Forschungsstätte des Jazz einrichten. Das wäre Frankfurt der jahrzehntelangen, unterbezahlten Arbeit seiner Musiker ohnehin schuldig – von Carlo Bohländer bis Albert Mangelsdorff und Reimer von Essen, die den Ruf Frankfurts als »Jazzhauptstadt der Republik« begründeten, von dem die Repräsentanten der Stadt nicht nur in politischen Sonntagsreden mit Stolz zehren.

Wolfgang Sandner

Ach ja, der Geist! Früher war immer von ihm die Rede. Ich frage mich, wo er geblieben ist, der Geist.
Hans Magnus Enzensberger

Jazz als Heimat: Der Frankfurter Keller

Früher war das so: Am Nachmittag, nach der Schule, trafen wir uns im Jazzhaus in der Kleinen Bockenheimer Straße. Selbstverständlich – Thomas Bernhard hätte dafür seinen chronisch unpassenden Ausdruck »naturgemäß« verwendet – saßen wir oben, holten das Bier aus dem Korb, rauchten unsere Gitane, die regelmäßig an den Lippen hängen blieb. Und diskutierten. Über Bernard Buffet und seine schwarz geränderte Kunst zum Beispiel: Olaf Hudtwalcker hatte gerade seine Galerie eröffnet. Über Albert Camus' »Der Fremde« vielleicht, oder Sartres »Schmutzige Hände«. Lieber freilich über Jack Kerouacs »Unterwegs« und über die Möglichkeit des Aussteigens, bevor man überhaupt eingestiegen war.

Abends stiegen wir dann wirklich aus. Vorübergehend. Die neunzehn Stufen zum Keller – niemand redete vom Jazzkeller, Keller genügte, verstanden wurde man ohnehin – die paar Stufen zum Keller kamen uns vor wie die Stufen zu einem unterirdischen Parnaß. Wenn dann noch Carlo an der Tür stand, der einen von den Jazzkursen an der Jugendmusikschule her kannte und – ohne daß man Eintritt bezahlen mußte – mit der Bemerkung einließ, »Du bist ja aach en Musiker!«, dann war das irdische Glück, das man selbstverständlich naturgemäß nicht zur Schau trug, vollkommen. Mein Gott, fühlten wir uns in.

Aber eigentlich waren wir es auch. Wir fühlten uns geborgen. Unter Gleichgesinnten, die wohl ebenfalls eine vage Vorstellung davon hatten, daß die Existenzphilosophie etwas zu tun haben mußte mit den apokalyptischen Szenerien der unmittelbaren Vergangenheit. Und mit dem gespaltenen Bewußtsein, das das Leben in Deutschland zwischen 1933 und 1945 geprägt hatte, sowieso. Für die Handvoll Jazzmusiker, die noch während des Krieges die illegitime Musik unter der Tarnkappe deutscher Schlagertitel gespielt hatten, war die geistige Situation nach dem Krieg – trotz der Enttäuschung durch viele Amerikaner, die ihre ureigenste Musik nicht kannten und demzufolge auch nicht schätzten – eine permanente Aufforderung zur kulturellen Erstürmung der Bastille.

Für uns war die Liebe zum Jazz dagegen mehr eine Attitüde und ein Mittel zur Flucht: Ein Hakenschlagen um die Eckpfeiler der Erwachsenenwelt, in der wir nicht leben konnten. Wie Charlie Parker wollten wir leben. Brennen. Uns verzehren. Was wußten wir schon von Koks und Junkies. Hätten wir geahnt, daß Miles Davis – wie wir das heute seiner Autobiographie auf Seite einhunderteinundfünfzig entnehmen können – ein lebenslängliches Verhältnis mit Juliette Gréco eingegangen war, wären wir sogar bereit gewesen, diese merkwürdige, fremde, hochstilisierte Kunst des französischen Chansons neben dem Jazz gelten zu lassen.

So aber blieben wir Puritaner. Jazz: ja. Alles andere: nein. Und selbst der Jazz wurde sorgfältig von dem getrennt, was wie Jazz klang, aber keiner war. Da halfen keine Analysen, da half nur der Anschauungsunterricht und das rasiermesserscharfe ästhetische Klima des Kellers. Wenn der arrogante Gerry Mulligan sich herabließ, nach einem Gastspiel in der Kongreßhalle sein Baritonsaxophon noch einmal im Keller auszupacken, den etatmäßigen Schlagzeuger mit rüden Gesten von der Bühne jagte, aber großzügig den eckigen Stenogrammen applaudierte, die Heinz Sauers Tenorsaxophon verließen, dann war jedem klar, wo die deutsche Jazzmusik stand. Stammkneipe, Vereinsheim, Trainingslager – so hat Volker Kriegel die Funktionen des Kellers beschrieben. Bisweilen aber machten die Musiker aus dem Keller einen künstlerischen Turnierplatz. Hier wurden die Lanzen gebrochen. Und wir waren dabei.

Mag sein, daß wir es selbst nicht mehr so genau wissen, wie das eigentlich damals wirklich war. Vielleicht ist der Zeitgeist nur ein Gefühl, das sich später einstellt, wenn sich die Erinnerung zur Verklärung neigt. Den Mythos von Minton's Playhouse, der Geburtsstätte des Modernen Jazz, hat Thelonious Monk – einer, der dabei gewesen ist – gründlich demontiert. »Es ist wahr, daß die Popularität des modernen Jazz wahrscheinlich hier bei Minton's begann, aber einige dieser Geschichten und Artikel stopfen in ein einziges Jahr, was im Lauf von zehn Jahren passierte. Sie bringen die Leute alle zur selben Zeit und am selben Ort zusammen. Ich habe praktisch alle bei Minton gesehen, aber sie haben da nur gespielt. Sie haben keine Vorträge gehalten.«

Auch im Frankfurter Keller wurde – zumindest auf der Bühne – nur gespielt. Aber was für eine Musik! Bebop und Cool Jazz. Nicht unbedingt mit Spitzbart, Baskenmütze und Fensterglasbrille wie in New York, aber doch mit dieser Haltung, die jeglichen Konformismus auszuschließen schien. Vor allem das war es, was wir, die wir nicht oder noch nicht spielten, bereitwillig übernehmen konnten: den coolen Gestus des Nonkonformisten. In John Clellon Holmes Beschreibung des »Kühlen« fanden wir uns wieder: »Er hatte sich vage bemüht, ihr zu erklären, was darunter zu verstehen sei, wenn die Hipster den Ausdruck cool benutzen. ›Wenn die Musik cool ist, ist sie angenehm, ein wenig besinnlich und gelöst. Sieh mal, alles, was es vorher gab – noch voriges Jahr – war irre, besessen, ganz weg. Jetzt gibt sich jeder cool, leidenschaftslos, distanziert . . . Der Junge, der an den Tisch kommt, der ist cool!‹ Und das stimmte, der Mann, den er bezeichnet hatte, verkörperte tatsächlich alles, was man sich auch nur im entferntesten unter diesem Ausdruck vorstellen konnte . . . Dies geisterhafte Wesen glitt gelangweilt zwischen den Tischen hindurch, gefolgt von einer eindreiviertel Meter langen, gertigen Rothaarigen in einem grünen Kunstseidenkleid . . . Der ›Kühle‹ trug einen breitkrempigen flachen Schlapphut, den er nicht abnahm, dazu einen bräunlichen Anzug aus schwerem Stoff, der an den Schenkeln total aus der Fasson geraten schien. Sein strähniges Haar hing über einen weichen Kragen hinweg, und sein dunkles öliges Gesicht war eine ausdruckslose Maske.

Er bewegte sich, als ob er unendlich erschöpft sei, wie schlafwandelnd, und seine Lethargie war so vollkommen, daß sie das Universum um ihn zu beschleunigen schien. Er lümmelte sich am Tisch zwischen der Rothaarigen und dem anderen Burschen, den Kopf in den Händen vergraben, die Krempe seines Halbstarken-Huts gerade so weit gebogen, daß kein Licht vom Orchesterpodium ihn erreichen konnte. Noch unbeweglicher schien er, wenn die Musik besonders hot wurde, als ob dies eine persönliche Herausforderung der Musiker an seinen somnambulen Zustand wäre. In seiner leidenschaftslosen Trance nahm er ihre Existenz überhaupt nicht wahr, von Zeit zu Zeit sackte ihm der Kopf buchstäblich auf den Tisch, und er saß da wie ein Peon in einem Cowboyfilm, der sein Nickerchen macht – den Körper ganz in sich zusammengefaltet . . . Man hatte das Gefühl, daß er, wenn ein Kellner kommen und ihn auffordern würde, den Hut abzunehmen, langsam und in müder Gereiztheit nach dem Pistolenhalfter unterm Arm langen und eine kalte automatische Pistole auf ihn abdrücken würde . . .«

John Clellon Holmes' Kühler ist eine Figur von gestern. Und heute? Es scheint, als seien die Zeiten besser, das heißt unübersichtlicher geworden. Jetzt kann man im Keller Jazz hören. Oder Rock. Oder Jazzrock, Funk, Hip Hop, Rap und Blues. Man kann mit Krawatte und/oder mit Jeans kommen. Man kann trinken und es lassen. Man kann stumm dasitzen oder tanzen. Vielleicht ist der Keller jetzt das, was das Kaffeehaus – Hans Weigl verdanken wir diese Einsicht – für die Wiener schon immer war. Man ist dort nicht zu Hause und doch nicht an der frischen Luft. Der Keller ist ein Freiraum. Man kann dort fast alles, aber man muß fast nichts.

Oder sind wir, die in den fünfziger Jahren dabei waren, nicht mehr fähig, die Fraktionen und Uniformen zu erkennen, die Dogmen und unsichtbaren Abgrenzungen? Dann hätte sich doch nicht so viel geändert.

Wolfgang Sandner

Die institutionalisierte Subkultur: Das Jazzensemble des Hessischen Rundfunks

Unter der Archivnummer 77829 ist es verbürgt: Kein Aufschrei, gerade etwas freundlicher Applaus begleitete die beiläufige Geburt des Jazzensembles am 23. Mai 1958. Nur Minuten, nachdem der Intendant des Hessischen Rundfunks, Beckmann, das sechste Deutsche Jazzfestival in Frankfurt mit weihrauchiger Stimme, die »Musik der Jugend« lobpreisend, eröffnet hatte, stellte der Moderator des Abends, Olaf Hudtwalcker, die »German Allstars« als künftiges »Jazzensemble des Hessischen Rundfunks« vor.

Es nimmt kaum wunder, daß das erste Stück des Jazzensembles im samtweichen Westcoast-Swing nicht im mindesten anders klang als das letzte der German Allstars. »Die Auslese der modernen Meister ihrer Instrumente«, so die rührende Eindeutschung Hudtwalckers des noch nicht jedermann geläufigen »Allstars«, machte sich noch einmal in aller Harmlosigkeit an die Arbeit: Die Rhythmusgruppe mit dem Pianisten Pepsi Auer, dem Bassisten Peter Trunk und dem Schlagzeuger Rudi Sehring leistete die damals gängige, dezente Fron im Untergrund, bereitete selbstlos den Nährboden für die Chorusse und Sätze von Freddie Christmann, Trompete, Joki Freund, Tenorsaxophon, Emil Mangelsdorff, Altsaxophon, und seinen Bruder Albert, Posaune. Aus heutiger Sicht geschah – bei allem Respekt – wenig Aufregendes an jenem Abend. Sicher scheint, daß weder die Musiker noch die Verantwortlichen des Rundfunks nur im geringsten ahnen konnten, welche auf Jahrzehnte hinaus folgenreiche Entwicklung sich aus dieser Geburt qua Akklamation ableiten würde.

Denn das Jazzensemble des Hessischen Rundfunks besteht seither, und heute ungefährdeter denn je. In der Stille des Studios hat es, von Umbesetzungen unbeeindruckt und vom Lauf der Zeit nie überholt, eine ganze Enzyklopädie improvisierter Musik geschaffen. Inzwischen liegt ein Schatz auf Halde, der monatlich um neun Stücke, nicht selten Glanzstücke, anwächst. Dennoch war das Jazzensemble selten im Gespräch, eher kam es gelegentlich ins Gerede neidischer Kollegen. Mehr noch und Kurioseres: Kaum einer kennt die Gruppe, deren Musiker jeder kennt. Nur im Hörensagen des Rundfunks nimmt sie vertraute Gestalt an, dem Augenschein entzieht sie sich seit langem.

Um so nachhaltiger scheint sich das Klangbild dieser Band einzuprägen, die seit über zweiunddreißig Jahren vor allem auf Tonband und Papier existiert: Dem Jazzensemble des hessischen Rundfunks gebührte unzweifelhaft der superlative Titel, die älteste, ranghöchste und fruchtbarste Formation im deutschen modernen Jazz zu sein. Doch schließlich, wem wäre daran gelegen, solche Rangfolgen aufzustellen, die über musikalische Qualität zunächst nichts aussagen? Obendrein wäre ein Vergleich dieser acht Musiker, die in einer friedlichen Enklave, gleichsam außerhalb der Hörweite des rauhen Wettbewerbs auf dem freien Markt, ihre eigene Musik aufnehmen können, mit all jenen, denen solche Privilegien unerreichbar fernliegen, in keiner Weise fair. Denn das Jazzensemble ist weder leibeigene Körperschaft noch willkürlicher, gnädig geladener Gast des Senders. Vielmehr genießt es als gewohnheitsrechtliche Institution gleichermaßen die relative Sicherheit am Hessischen Rundfunk wie die absolute Freiheit seiner Musiker zwischen den Produktio-

nen. Ist das also der nach allen Seiten offene Vollzug für kreative Freigänger in der öffentlich-rechtlichen Anstalt? Ein Dienst ohne Vorschrift und ohne Pflichten? Bevor noch Lob für die Großzügigkeit oder Tadel einer Verschwendungssucht in den Funkhäusern laut werden dürfen, muß klargestellt werden: der Hessische Rundfunk läßt sich sein durchweg hochkarätig besetztes Ensemble im Monat kaum mehr kosten als eine einzige wohldotierte Planstelle, nämlich in der Regel um sechstausend Mark.
Die Musiker verdienen zweihundertfünfzig Mark für jede der drei monatlichen Aufnahmesitzungen, bei denen innerhalb vier Stunden drei Stücke eingespielt werden sollen. Für das Arrangieren einer Komposition gibt es noch einmal zweihundert Mark dazu. Die Musiker erkaufen sich also ihr bißchen Sicherheit um den hohen Preis, sich unter Wert verkaufen zu müssen.
Welche sind nun also heute die Mitglieder dieses im Klangkörper kammermusikalischen Ensembles, das mit den in der ARD üblichen Bigbands, Symphonie- oder Tanzorchestern organisatorisch wie im Status nichts gemein hat, das in der Tat weder in Deutschland noch anderswo seit über dreißig Jahren seinesgleichen findet und das schließlich weit über zweitausend meist originale Aufnahmen dem Hessischen Rundfunk übereignet hat?
Als erster unter den durchaus Ungleichen genannt zu werden, gebührt dem großen Albert Mangelsdorff. Nicht etwa, weil er der erste deutsche Jazzmusiker war, dessen Personalstil in den sechziger Jahren international Aufsehen erregte, als das von ihm entwickelte fragil mehrstimmige Spiel auf der Posaune in Kritiker-Polls zum »weltbesten« gekürt wurde. Auch nicht, weil der nun über sechzig Jahre alte Träger des Bundesverdienstkreuzes der einzige von weltweitem Renommee geblieben ist; diese Ausnahmestellung entspricht zwar den Tatsachen, nicht aber der Wahrheit: andere Musiker in der Bundesrepublik – auch des Jazzensembles – arbeiten auf ähnlich hohem Niveau, ohne daß dies bisher außer Landes gedrungen oder verstanden worden wäre. Mangelsdorffs Bedeutung für das Jazzensemble aber muß stets unvergleichlich bleiben: Gemeinsam mit dem Frankfurter Jazz-Impresario Horst Lippmann betrieb er die Gründung der Gruppe, die er musikalisch formte und führte, die er mit seinem guten Namen schützte, als Revisoren seine Existenz in Frage stellten, die bis in die siebziger Jahre hinein schließlich mit dem Albert-Mangelsdorff-Septett und -Quintett weitgehend identisch blieb.
Bis vor etwa fünfzehn Jahren prägte das von seinem Mentor bevorzugte bläserlastige, klavierlose Klangbild in aller Regel die Aufnahmen des Jazzensembles; ein Konzept, das stets mehr harmonische Freiheit ins Spiel brachte, wenn auch nicht selten mit dem Risiko einer melodischen Beliebigkeit, gar Eintönigkeit, das um so höhere Anforderungen an die Phantasie des Improvisators stellte. Mit der von Mangelsdorff selber geförderten Emanzipation seiner Musiker hat sich jedoch der Audiotyp des Jazzensembles in dem Maße von der reinen Lehre seines Meisters gelöst, wie dieser sich immer stärker dem unbegleiteten Solospiel verpflichtete. Es ist bezeichnend, daß er heute bei den Produktionen des Jazzensembles nicht selten fehlt. Er hat mehr und anderenorts zu tun als die anderen, die früher mit ihm reisten. Die Gruppe ist längst und im besten Sinne – führungslos.
Die beiden anderen Musiker des bis heute intakten Gründer-Triumvirats, Emil Mangelsdorff, der um drei Jahre ältere Bruder, und Joki Freund, haben ihren Einfluß auf das Jazzensemble weit früher schwinden sehen. Den bescheidenen Freund, der lange Zeit die meisten Arrangements für die Gruppe schrieb, hat in-

des nie geschmerzt, was den anderen, der in den immer länger werdenden Schatten seines Bruders geriet, vielleicht noch immer beschäftigt. Jene Zeiten, da alle drei Instrumentalisten regelmäßig Gewinner der ersten deutschen Jazz-Polls in ihrer Kategorie waren – Joachim Ernst Berendt schrieb damals in einer Jazzrubrik des Magazins »Die Gondel« zwischen Pin-up-Girls und anderen Männersachen die ersten Wettbewerbe aus –, gingen für den Altsaxophonisten und Flötisten zu schnell dahin. Emil Mangelsdorff hing der »coolen« Tristano- und Konitz-Schule an, und Joki Freund bescheidete sich erst recht im Mainstream des Südfunk-Tanzorchesters von Erwin Lehn, als der Free Jazz Anfang der sechziger Jahre auch in der Bundesrepublik kreativen Aufruhr stiftete.

Gegen den passiven Widerstand mancher seiner Mitglieder hat das Jazzensemble zwar solchen Strömungen, ob Free Jazz, Rockjazz oder Bop-Renaissance, stets Einfluß gewährt. Unzweifelhaft jedoch nährt die über Jahrzehnte kaum noch fluktuierende Besetzung immer wieder Vorbehalte und Kritik anderer Musiker und mancher Jazzfans: eifersüchtig, so geht die Klage, wachten die in die Jahre kommenden Mitglieder des Ensembles über ihre Pfründen, es herrsche künstlerischer Stillstand, Inzucht in einem »Closed circle«, ein gewisses Rentenanspruchs-Denken, das den Jazz verbeamte, ihm die Luft zum Atmen nehme.

Solche Vorwürfe sind so verständlich wie ungerechtfertigt. Denn natürlich sind die Musiker des Jazzensembles älter geworden, ihre Musik jedoch ist auf wundersame Weise nicht gealtert. Ein Glücksfall, für den es gleichwohl Gründe gibt.

Noch immer steht und fällt eine Jazzgruppe mit der Inspiration und Virtuosität ihrer Improvisatoren. Daß das Jazzensemble nie gefallen ist, verdankt es neben Albert Mangelsdorff mindestens zwei weiteren Musikern von Weltrang, wenn auch leider nicht Weltruf: den beiden Saxophonisten Heinz Sauer und Christof Lauer. Mitte fünfzig der eine, dessen rauhes, hymnisch zerquältes Spiel eine in Europa einmalige Wahlverwandtschaft mit dem Blues reklamiert; Mitte dreißig der andere, dessen atemraubende Akkuratesse und Eleganz inzwischen dem Älteren an Ausdruckskraft nicht mehr nachsteht.

So eigenwillig und verläßlich Ralf R. Hübners Schlagzeugarbeit – der Berliner gehört seit 1962 zum Ensemble – die Gruppe lenkt und antreibt, so sehr der amerikanische Pianist Bob Degen (seit 1973) den Sound harmonisch und melodisch veredelt und reich verziert, so sehr schließlich Günter Lenz, Mitglied seit über zwei Jahrzehnten, mit seinem unbedingt verläßlichen Grundlinienspiel es dem Ensemble erst ermöglicht, sich in die Freiheit zu entlassen – so wenig läßt sich doch bestreiten, daß in dieser Musik die Posaune und zwei Saxophone die Geniestreiche spielen.

Neben Heinz Sauer, der überdies auch als einer der originellsten Stückeschreiber des Ensembles – meist sind es hochkompliziert verdichtete, gleichwohl humorvolle Miniaturen – eine unverwechselbare Sprache gefunden hat, gilt heute Ralf Hübner als der profilierteste Komponist der Gruppe. Seine häufig elegisch raumgreifenden, wundersam zarten, fein stofflichen Akkordgeflechte haben dem Ensemble seit einigen Jahren eine neue Dimension eröffnet. So arbeiten denn die herausragenden Komponisten wie Improvisatoren der Gefahr von Stagnation und behäbiger Selbstvergessenheit entgegen. Und damit nicht einmal genug.

Nicht geringzuschätzen ist die künstlerische Auseinandersetzung mit Gastmusikern, die, gleichsam auf der Durchreise, die stilistische Vielseitigkeit des Ensembles ein um das andere Mal herausfordern. Ob junger deutscher Nachwuchs oder ausgewiesene Meister ihres Instrumentes, wie etwa Rainer Brüninghaus, Joe Henderson, Eberhard Weber oder Kenny Wheeler, stets wird von dem Ensemble verlangt, über sich selbst hinaus- und mit dem Fremden zusammenzuwachsen. Der Erfolg solcher Treffen beweist, was man von dieser Gruppe nach wie vor verlangen kann. Bis auf jene enervierenden Produktionen, wo etwa an einem sperrigen Stück von Heinz Sauer bis zu zwei Stunden akribisch geprobt wird, kann sich Ulrich Olshausen, seit 1967 verantwortlicher Jazz-Redakteur beim Hessischen Rundfunk, auf ein versiertes Vom-Blatt-Spiel der Stücke verlassen, deren zwei bis drei Aufnahme-Versionen nur nach der Güte der Improvisationen ausgewählt werden. Mißstimmungen und Reibereien bleiben nicht aus, wenn der Produzent des Ensembles seinen Einfluß, sei es bei der Auswahl von Gästen oder in der Beurteilung eines Solos, geltend macht. Nicht alle reagieren so empfindlich wie Albert Mangelsdorff, dessen Freiheitsdrang im persönlichen Umgang so hemmen kann, wie er seine Musik beflügelt.

Sechs Stunden Sendezeit pro Woche hat Olshausen für den Jazz zur Verfügung, einen Teil davon bestreitet das Ensemble, dessen Musik auch in anderen Redaktionen verwendet wird. Unter den Jazzredakteuren der ARD werden selten Programme ausgetauscht, jeder pflegt seine eigenen Projekte: Die regelmäßigen »Workshops« des NDR reichen zurück bis in die fünfziger Jahre, der WDR unterstützt unter anderem das »New Jazz Festival« im westfälischen Moers, der Süddeutsche Rundfunk leistet sich eine »Radio Jazz Group Stuttgart«, die allerdings um das einzige feste Mitglied, den Pianisten Wolfgang Dauner, für jede Session neu zusammengestellt wird, der Südwestfunk in Baden-Baden schließlich veranstaltet alljährlich seine »New Jazz Meetings«. Die Folge: Jeder sendet, soviel er kann, vor allem aber eigene Produktionen. Es müssen Nachweise für die mühsam erkämpften Etats geführt werden, die trotz ihres bescheidenen Umfangs immer bedroht erscheinen. So kommt es notgedrungen zu einer nur provinziellen Verbreitung des Jazzensembles-Œuvres: Perlen für zu wenige, ein öffentlicher Geheimtip.

Ein Schatz könnte da gehoben werden. Das Jazzensemble des Hessischen Rundfunks hat sich auf seine Form noch lange nicht festgelegt. Es wird weiter Wertvolles unter Wert verkaufen. Albert Mangelsdorff hat einmal ein Stück mit dem Titel »Der fette Komponist« geschrieben. Sich selber hat er damit nicht gemeint.

Uwe Schmitt

Gäste beim Jazzensemble
des Hessischen Rundfunks:

Ernestine Anderson, Gesang; Chet Baker, Trompete; Uli Beckerhoff, Trompete; Pavel Blatny, Komposition; Willem Breuker, Saxophon; Rainer Brüninghaus, Klavier; Marty Cook, Posaune; Bob Cooper, Saxophon; Wolfgang Dauner, Klavier; Stephan Diez, Gitarre; Christy Doran, Gitarre; Lajos Dudás, Klarinette; Gerd Dudek, Saxophon; Rolf Ericson, Trompete; Johannes Faber, Trompete; Karl Farrent, Trompete; Matthias Frey, Klavier; Bill Frisell, Gitarre; Joe Gallivan, Synthesizer; Stan Getz, Saxophon; Slide Hampton, Posaune; Shirley Hart, Gesang; Gabriele Hasler, Gesang; Joe Henderson, Saxophon; Fred van Hove, Klavier; Theo Jörgensmann, Klarinette; Hans Koller, Saxophon; Lee Konitz, Saxophon; Bernd Konrad, Baßklarinette, Saxophon; Karel Krautgartner, Klarinette; Volker Kriegel, Gitarre; Joachim Kühn, Klavier; Milcho Leviev, Klavier; Wilhelm E. Liefland, Rezitation; John Lindberg, Baß; Monika Linges, Gesang; Steve Lockwood, Klavier; Hans Lüdemann, Klavier; Andy Lumpp, Klavier; Adam Makowicz, Klavier; Tete Montoliu, Klavier; Alphonse Mouzon, Schlagzeug; Mike Nock, Klavier; Özay, Gesang; Marvin Hannibal Peterson, Trompete; Michel Pilz, Baßklarinette; Werner Pirchner, Vibraphon; Peter Ponzol, Saxophon, Flöte; Larry Porter, Klavier; Allan Praskin, Saxophon; Jörg Reiter, Klavier; Adelhard Roidinger, Baß; Sonny Rollins, Saxophon; Ack van Rooyen, Trompete, Flügelhorn; Wolfgang Schlüter, Vibraphon; Manfred Schoof, Trompete; John Schröder, Gitarre; Matthias Schubert, Saxophon; Tony Scott, Klarinette; Zbigniew Seifert, Violine; Michael Sell, Trompete; Bud Shank, Saxophon; Simeon Shterev, Flöte; Zoot Sims, Saxophon; Alan Skidmore, Saxophon; Harry Sokal, Saxophon; Martial Solal, Klavier; Christoph Spendel, Klavier; Tomasz Stanko, Trompete; Dakota Staton, Gesang; Jiri Stivin, Flöte; Claus Stötter, Trompete; Charles Tolliver, Trompete; Jaime Torres, Charango; Michael Urbaniak, Violine; Jasper van't Hof, Klavier; Tommy Vig, Vibraphon; Harvey Wainapel, Saxophon; Eric Watson, Klavier; Eberhard Weber, Baß; Ken Werner, Klavier; Kenny Wheeler, Trompete; Colin Wilkie, Gitarre, Gesang; Yosuke Yamashita, Klavier; Leszek Zadlo, Saxophon; Attila Zoller, Gitarre.

Adorno und der Jazz: Eine Anekdote

Wie man weiß, hatte der berühmte Philosoph und Soziologe Theodor W. Adorno eine heftige Abneigung gegen die Jazzmusik.

Selbst enge Freunde des Professors, wie etwa Max Horkheimer, haben oft den Kopf geschüttelt über die leidenschaftliche, ja sture Hartnäckigkeit, mit der der ansonsten doch so kluge und sensible Adorno den Jazz attackierte. Neuere Forschungen haben nun endlich die Ursache dieser rätselhaften Aversion zutage gefördert. Adornos übertriebene Abneigung gegen die Jazzmusik geht nämlich auf ein Erlebnis zurück, das dem Philosophen und Sozialforscher gegen Ende der 30er Jahre, kurz nach seiner Ankunft im New Yorker Exil, widerfuhr.

In Begleitung des Jazzkritikers Leonard Feather, den er nur flüchtig kannte und der ihm als Autorität in Sachen Jazz empfohlen worden war, besuchte Adorno an einem lauen Sommerabend ein Nachtlokal namens ›Cotton Club‹, in dem die berühmtesten Jazzmusiker Amerikas für ein fachkundiges und begeistertes Publikum aufzuspielen pflegten. An jenem Abend bestritt eine Combo das Programm, zu dem auch Musiker des Duke Ellington Orchesters gehörten, allen voran Johnny Hodges.

Adorno und Leonard Feather fanden einen günstigen Tisch in der Nähe der Bühne und bestellten je einen Whisky mit Soda.

Johnny Hodges war nach übereinstimmenden Zeugenaussagen an jenem Abend in absoluter Höchstform, und schon nach wenigen Takten kam mächtig Stimmung auf im ›Cotton Club‹. Auch Adorno fand sogleich großen Gefallen an diesen ungewohnten und direkt avantgardistisch klingenden Tönen. Er behielt diesen ersten Eindruck allerdings für sich, schon allein deswegen, weil er sich über die Jazzmusik noch kein Urteil erlauben mochte, und schon gar nicht in Anwesenheit eines Experten wie Leonard Feather.

Kurz vor dem Ende des ersten Sets (Johnny Hodges blies gerade eine ergreifende Kadenz) beugte sich Leonard Feather nah ans Ohr des kleinen kahlköpfigen Gelehrten aus Europa und rief: »Fuckin' Hodges ist really bad!« – Adorno, der zu dieser Zeit der englischen Sprache noch nicht recht mächtig war, verstand die salopp-obszöne Wendung »fukkin'« überhaupt nicht und den Rest völlig verkehrt. Er übersetzte nämlich die Worte des Jazzexperten mit »Hot Jazz ist wirklich schlecht«.

Diese Übersetzung enthält gleich zwei schlimme Fehler. Abgesehen von dem akustischen Mißverständnis spielte Hodges natürlich keinen Hot Jazz, sondern Swing, was Adorno freilich nicht wissen konnte, da er von Jazz keine Ahnung hatte. Zum andern bedeutet »really bad« im Musikerjargon das genaue Gegenteil von »wirklich schlecht«, nämlich »wirklich gut«. Aber, wie schon gesagt, Adornos Englischkenntnisse waren zu jener Zeit noch sehr mangelhaft, genauer: wirklich schlecht.

Die Bemerkung des jugendlichen Jazzexperten Leonard Feather verärgerte Adorno ein bißchen, weil die Musik ihm, Adorno, eigentlich ganz gut gefallen hatte und er nun (aufgrund des Mißverständnisses) sich vorkam wie ein naiver, begeisterungsblinder Laie ohne jeden Durchblick. Um nicht in unangenehme Diskussionen verwickelt zu werden, bezahlte Adorno seinen Whisky, verabschiedete sich unter Vortäuschung fürchterlicher Kopfschmerzen (wegen der schlechten Luft etc.) und verließ rasch das Lokal.

Als der kleine Professor ins Freie trat

(aus dem Innern des ›Cotton Club‹ erklangen noch immer die typischen Johnny-Hodges-Phrasen mit den klagenden, gebeugten Tönen) – als der Professor also ins Freie trat, ereignete sich ein kleiner Zwischenfall, der nur auf den ersten Blick nichts mit Adornos Abneigung gegen die Jazzmusik zu tun hat, in Wirklichkeit aber die Unlustgefühle des Professors beim Anhören jazzartiger Töne bis ins hohe Alter quasi reflexhaft verstärkte, auch wenn sich der Gelehrte über den ursächlichen Zusammenhang zwischen Tönen und Ekelgefühlen nicht immer im klaren war.

Als, wie gesagt, Adorno ins Freie trat, begleitet von den melancholischen Phrasen des Johnny Hodges, wurde er von einer ältlichen Prostituierten ziemlich übel angepöbelt.

Vor lauter Wut schrieb er noch am selben Abend den bemerkenswerten Satz in sein Tagebuch: »In den angelsächsischen Ländern sehen die Dirnen aus, als ob sie mit der Sünde sogleich die Höllenstrafe mitlieferten.« – Nach dieser Tagebucheintragung setzte sich Adorno etwas erleichtert an die Schreibmaschine und begann zügig mit dem Rohentwurf des Aufsatzes »Zeitlose Mode. Zum Jazz«, einer Arbeit, die später viel Unverständnis (Berendt), aber auch herbe Kritik und scharfe Mißbilligung (Feather) hervorgerufen hat. Kein Wunder.

Volker Kriegel

Ein Anatom des Swing: Carlo Bohländer

Die schmückenden Beiwörter für die Großstädte hierzulande – ob sie nun zutreffen mögen oder nicht – sind schon lange verteilt worden: herzliches München, schlagfertiges Berlin, großbürgerliches Hamburg, emsiges Stuttgart ... Bei Frankfurt war man sich lange nicht im klaren, ob die Stadt der Banken und der guten Verkehrsverbindungen auch eine urbane Zierde darstelle, die man auf den Begriff bringen könne. Für diejenigen jedoch, die sich für das interessierten, was man früher noch etwas emphatischer mit Subkultur bezeichnete, war klar: Wenn es in der Bundesrepublik Deutschland eine Stadt gab, die swingte, dann war das unwiderruflich Frankfurt am Main.

Hier hatte in den zwanziger Jahren Mátyás Seiber die erste Jazzklasse an einem deutschen Konservatorium eingerichtet, aus Frankfurt kommt der bedeutendste Repräsentant des europäischen Jazz – der Posaunist Albert Mangelsdorff. In Frankfurt wird das älteste, kontinuierlich veranstaltete Jazzfestival der Welt durchgeführt, hier residieren seit eh und je auch die wichtigsten deutschen Konzertagenturen für populäre Musik. Und daß Theodor W. Adorno seine Feldzüge gegen die sogenannte leichte Musik von Frankfurt aus führte, hing sicherlich auch mit diesem Ambiente zusammen: hier fand er genügend Widerstand, um seine Gedanken daran zu wetzen.

Wenn es einen Musiker gibt, den man in diesem Zusammenhang als eine Vaterfigur des Frankfurter Jazz bezeichnen kann, der dafür sorgte, daß sich das Wort vom »Swinging Frankfurt« eingeprägt hat, dann ist das Carlo Bohländer. Der hagere, über siebzig Jahre alte Trompeter ließe sich mit Fug und Recht auch als eine graue Eminenz des deutschen Jazz bezeichnen. Nicht, daß er der erste Jazzer Deutschlands gewesen wäre, macht seine Verdienste aus; er gehört vielmehr zu jenen Figuren, die man als unverzichtbare Originale jeder Kulturszene benötigt, und er hat wie wenige Musiker auf vielfältige Weise den Jazz und die Kenntnis von seinen Spielpraktiken verbreiten helfen.

Carlo Bohländer, Jahrgang 1919 und Absolvent des Dr. Hoch'schen Konservatoriums, der damaligen Frankfurter Musikhochschule, hat immerhin schon während der Nazi-Zeit in Deutschland mit Jazzmusik angefangen, fuhr im Sommer 1939 – offiziell als Trimmer auf der »Deutschland« – nach New York und hat seine auch umfassende theoretische Kenntnis des Jazz in zahlreichen Bands noch während des Krieges verbreitet. Schon im Mai 1945, als es offiziell verboten war, hatte er mit seinen Musikern von der amerikanischen Militärregierung die Sondergenehmigung erhalten, für die deutsche Zivilbevölkerung Jazzmusik zu machen; damit war er sicherlich der erste, der nach 1945 in der Bundesrepublik wieder Jazz spielte. Auch seine erste Harmonielehre des Jazz erschien 1947 – als Privatdruck – noch mit Erlaubnis der amerikanischen Besatzungsmacht.

Außerdem richtete er 1951 – nach französischen Existentialistenkellern als Vorbild – in Frankfurt das »Domicile du Jazz« als eines der ersten Jazzlokale und ein Zentrum des modernen Jazz in Deutschland ein. Später kamen das »Storyville« und weitere Jazzhallen hinzu. Carlo Bohländer tat etwas für den Jazz, indem er ihm Heimstätten verschaffte.

Und nicht nur das. Der Trompeter, der – unter anderem mit den »Two Beat Stompers« – die Richtung eines gemäßigten Modern Jazz vertrat, wollte dieser Musik nicht nur spielend auf den Grund gehen.

Mit einem guten Gespür für das Lern- und Lehrbare am Jazz hat er sich vor allem mit den harmonikalen und den rhythmisch-metrischen Grundlagen beschäftigt: seine Jazz-Harmonielehre, aber auch die Reihe »Jazz-Studio«, der gemeinsam mit Karl Heinz Holler herausgebene »Reclams Jazzführer« und in jüngster Zeit seine »Anatomie des Swing« gehören bereits zu den Standardwerken des Genres.

Zu wünschen wäre natürlich, daß ein Mann wie Carlo Bohländer auch einmal seine Erfahrungen als Musiker im Dritten Reich zu Papier bringen würde. So manches interessante Detail aus dem nationalsozialistischen Alltag käme dabei zum Vorschein, und so manche Vorstellung müßte revidiert werden; etwa, daß man sich bis 1940 auch in Deutschland noch sein Weltbild durch amerikanische Filme korrigieren lassen konnte – Carlo Bohländer hat über hundertzwanzig solcher Streifen (nicht nur der Musik wegen) gesehen; daß man – beispielsweise bei der fast schon zu den Frankfurter Institutionen gehörenden Musikalienhandlung Fuchs in der Bleichstraße – schon (oder noch) 1936 Chorushefte mit Improvisationen von Louis Armstrong und anderen kaufen konnte; daß man über Radio Luxemburg in den dreißiger Jahren vorzüglich mit englischer Jazzmusik versorgt wurde; und daß man noch in den vierziger Jahren – etwa im Café Regina an der Hauptwache, im Tivoli am Goetheplatz oder im Schumann-Café am Hauptbahnhof Jazzmusik machen und hören konnte

(auch wenn der »Tiger Rag« dann als »Schwarzer Panther« angesagt werden mußte).
Man mag es als eine gewisse Exzentrizität ansehen, daß der amerikophile Jazzmusiker Carlo Bohländer heute mit seiner Frau ein Lokal unter dem Namen »Balalaika« betreibt. Aber es paßt zu ihm. Ein Chauvinist war der bescheidene Carlo Bohländer nie. Seit 1965 ist er mit der amerikanischen Sängerin Anita Honis verheiratet, seit 1980 ist er selbst Einwohner (resident alien) der Vereinigten Staaten. Aber Frankfurter ist er unverkennbar geblieben – mit einem Tonfall (auch wenn er englisch spricht), der das hessische Idiom für immer bewahrt: wie der Jazz den Blues.

Wolfgang Sandner

SCHRIFTEN:
Harmonielehre für Jazz/Melodie – Improvisation, Frankfurt am Main 1947 (Privatdruck mit Genehmigung der U. S.-Militärregierung)
Das Wesen der Jazzmusik/Metrum – Rhythmus – Stil, Frankfurt 1954
Funktionelle Jazz-Harmonielehre, Frankfurt am Main 1956
Jazz – Geschichte und Rhythmus, Frankfurt am Main 1960
Jazz – Harmonielehre, Mainz 1961
Die Anatomie des Swing, Frankfurt am Main 1986

Ausgaben:
Reclams Jazzführer, (hrsg. mit Karl Heinz Holler), Stuttgart 1970, 3. Auflage 1989
Old Folks at Home – 50 Songs und Spirituals, Melodieausgabe mit Akkordsymbolen, Mainz o. J.

Spiel ohne Grenzen: Christof Lauer

Schon vor sechs Jahren, als das exzellente Album »Für Wilhelm E.« des Frankfurter Quintetts »Voices« erschien, wurde Christof Lauer als »einer der großen Saxophontechniker des Jazz« gewürdigt. »Wäre er Amerikaner und hätte die entsprechenden Platten auf dem Weltmarkt«, hieß es weiter, »man würde ihn feiern so wie etwa Chico Freeman oder Mike Brecker.«

Am Beispiel des so sympathischen wie bescheidenen Christof Lauer wird deutlich, daß die vielbeschworene deutsche Emanzipation von der amerikanischen Jazz-Übermacht doch noch nicht so weit gediehen ist, auch wenn der Tenorsaxophonist selbst sich längst von dem Übervater John Coltrane befreit hat. Gewiß: Der erst 36 Jahre alte Musiker spielt auf Festivals mit so renommierten Kollegen wie Roy Haynes und Carla Bley, aber er hätte verdient, es im Ausland ein wenig leichter zu haben.

Auf nationaler Ebene hat sich Christof Lauer in die höchste Klasse der Jazzbläser gespielt. Albert Mangelsdorff steht oft mit ihm auf der Bühne, Heinz Sauer und Johannes Faber bildeten über längere Zeit Gruppen mit ihm, und auch unter Nicht-Jazzern genießt er einen guten Ruf: Konstantin Wecker etwa berief Christof Lauer für Tourneen in seine Band.

»Momentan kann ich recht gut vom Spielen leben«, sagt der Saxophonist, der damit einer kleinen Minderheit auf der deutschen Szene angehört; der überwiegende Teil schlägt sich mit Unterricht oder außermusikalischen Beschäftigungen durch. »Es ist ein Hoch und Runter, man gewöhnt sich daran und darf nicht viel darüber nachdenken. Ich habe Glück gehabt, denn es ist für einen Neuling sehr schwierig, in eine bestehende Szene hineinzukommen, gleichgültig in welcher Stadt. Frankfurt ist freilich besonders ›zugewachsen‹.«

Eigentlich hatte Christof Lauers musikalischer Weg anders aussehen sollen. Der in Melsungen geborene Sohn eines Pfarrers und Kirchenmusikers hatte an der Frankfurter Musikhochschule mit dem Cello-Studium begonnen. »Um 1970 herum, als ich mich schon für Jazz-Sendungen im Radio interessierte, stieß ich plötzlich auf eine freiere Schallplatte von John Coltrane, die mich so beeindruckte, daß ich mir ein Saxophon kaufte und in der folgenden Zeit kontinuierlich weniger Cello spielte, bis ich schließlich ganz damit aufhörte. Ich begann ein neues Studium an der Grazer Musikhochschule, die damals als einzige in Europa eine Abteilung für Jazz hatte. Während der drei Semester dort lernte ich den Trompeter Johannes Faber kennen; wir haben zusammen gewohnt, viel zusammen gespielt und später Engagements in Spanien und Wien gehabt. Dann kam ich zurück nach Frankfurt, und dort hat es sich herumgesprochen, daß da jemand ist, der ganz gut spielt.«

Nicht zuletzt autodidaktischer Eifer hat Christof Lauer dorthin gebracht, wo er heute steht. Wie Albert Mangelsdorff übt er jeden Tag, im Jazzkeller oder in seinem eigenen Probenraum zu Hause unter dem Dach. Er ist zu einem Musiker ohne technische Grenzen und mit einem eindrucksvollen, über weite Strecken sehr persönlichen Improvisationsstil herangereift. Das eine bedingt das andere, bei seinen Soli sprudeln die Läufe in faszinierender melodischer Vielfalt, stets wunderbar sauber, atemberaubend sicher im Timing und die letzten Kraftreserven offenbar nie antastend. Christof Lauers Spiel wirkt immer elastisch und elegant. Seine Kreativität entlädt sich nur selten in Kompositionen: »Ich schreibe relativ wenig und meistens unter Streß, für Festivals oft erst eine Woche vorher. Ich brauche einen gewissen Druck, und wenn es sein muß, geht es. Zum Komponieren habe ich bis jetzt keine große Ader, aber das wird schon noch kommen.«

Von der Studiotüftelei hält er nichts: »Ich denke, wenn man eine Idee hat, muß man das sofort aufschreiben können, ohne Umwege über Sampler oder anderen technischen Aufwand. Die Leute konnten früher komponieren, ohne überhaupt ein Instrument zur Hand zu haben.«

Christof Lauer hat bisher an etwa 15 Schallplatten mitgewirkt, eine relativ geringe Zahl für einen Musiker seines Ansehens, der außerdem schon so lange im Geschäft ist: »Viele junge Musiker denken, das Wichtigste seien die Schallplatten. Dabei verkaufen sich Jazzschallplatten immer schlechter, das Angebot wird immer größer.«

Dies ist ein Thema, das den oft gutgelaunten Saxophonisten doch betrüben kann: »Ich sehe eigentlich überhaupt nicht, daß es mit dem Jazz in Deutschland oder anderswo aufwärtsgeht, die Bezahlung ist seit zehn Jahren dieselbe. Es gibt mehr Auftrittsmöglichkeiten, jedes kleine Kaff in Deutschland hat mittlerweile sein Jazzfestival, aber dort treten ohnehin nur Amerikaner auf. Wenn ich dann sehe, daß das ›Elvin Jones Quintet‹ in der Brotfabrik vor hundert Leuten spielt, dann kommt es daher, daß das Publikum übersättigt ist. Ich habe fast das Gefühl, es gebe einen Publikumsrückgang, aber sicher ist es nur eine Umverteilung. Und Frankfurt ist mit der Übersättigung besonders geschlagen.«

Als eine Abschreckung für den Nachwuchs will er dies allerdings auch nicht verstanden wissen. »Die häufige Hörerfahrung kann auch ein Anreiz sein, selbst Musik zu machen, tatsächlich sind die Jazzschulen in Deutschland ja überlaufen.« Ist ein Revival in Sicht? »Vielleicht. In Amerika hat jedes College, jede High-School eine Bigband, hier kommt alles ein wenig später, es dauert lange, bis etwas geschieht.«

Dieter Römer

AUFNAHMEN

unter eigenem Namen:
- Christof Lauer, CMP 39

mit verschiedenen Bands:
- Voices, Für Wilhelm E., Trion 3105
- Johannes Faber's Consortium, Mood 28645
- Uli Beckerhoff Group, Reality, Thein TH 100184
- Volker Kriegel, Palazzo Blue, Mood 33608 (auch Mood 28662)
- J. F. Jenny Clark, Unison, CMP 32
- Carla Bley, Fleur Carnivore, WATT 21
- Jürgen Wuchner/Hans Koller Group, Piece For Mouth, Pläne Jazz G 0042
- Emil Mangelsdorff, Interaction Jazz, Telefunken 623282

mit dem Ralf Hübner Quartet:
- Courage For The Past, Trion 3211
- Perlboot, LR 40023

mit Michael Sagmeister:
- The Silent Spectacle, Mood 28630
- Waiting For Better Days, Mood 28640

Père Joseph des deutschen Jazz: Horst Lippmann

Sein Name stand häufiger auf Konzertplakaten in Deutschland als der jedes anderen und noch so berühmten Musikers. Seine Hand war bei musikalischen Ereignissen – Festivals, Schallplattenaufnahmen, Radiosendungen, Fernsehproduktionen – häufiger im Spiel, als man vermuten könnte. Sein musikalischer Verstand, sein Organisationstalent, sein künstlerischer Wagemut, nicht zuletzt auch sein Geschäftssinn haben mehr in der populären Musik, vor allem aber im Jazz, bewegt und möglich gemacht, als es der gebannte Blick auf die musikalischen Stars erwarten lassen könnte. Horst Lippmann, in den letzten Jahren nur noch stiller Teilhaber der Konzertagentur Lippmann & Rau, ist der Père Joseph des deutschen und europäischen Jazz.

Selbstverständlich hätte die synkopierte Musik aus Amerika auch ohne ihn ihre Gemeinde, ihre Protagonisten und ihre Verbreitung in Deutschland gefunden. Sicherlich hätte es aber etwas länger gedauert ohne die agile Bereitschaft Lippmanns, für den Jazz in jeder Hinsicht etwas zu tun.

Daß die Geschichte der Kunst nicht nur eine Geschichte der Künstler ist, sondern auch eine Geschichte derer, die Kunst möglich machen, wird einem bewußt bei einem Lebenslauf wie dem von Horst Lippmann. 1927 in Eisenach geboren, kam der Sohn eines Hoteliers schon als Baby nach Frankfurt, wo er als Jugendlicher mit seinem Engagement für den Jazz in einer heillosen Zeit zu einem jener Unruhestifter wurde, die man heute gerne als lebenden Beweis für einen gewissen geistigen Widerstand gegen die braune Gleichschaltung anführt. Horst Lippmann war einer der Gründer des Hot Club Frankfurt, einer Keimzelle des Jazz in Deutschland; und dies immerhin im Jahr 1941, als das öffentlich bekundete Interesse am Jazz gleichbedeutend mit einer Mißachtung nationalsozialistischer Ideologie gewesen ist.

Horst Lippmann bekam Ärger mit der Gestapo, was ihn aber nicht daran hinderte, mit Emil Mangelsdorff, Carlo Bohländer und anderen Größen der damals sich erst formierenden Jazzszene Konzerte im Lokal seiner Eltern in der Kronprinzenstraße, der heutigen Münchener Straße, zu veranstalten oder Jazzplatten zu spielen. Der zweite Plattenspieler und die Noten mit akzeptierter deutscher Schlagermusik war stets einsatzbereit, wenn einmal die Staatsorgane kontrollierten. Jazz und demokratische Gesinnung waren für diesen Frankfurter Kreis Synonyme.

Nach dem Krieg gab es für Horst Lippmann, den Schlagzeuger der Two Beat Stompers, den Organisator des Hot Club und manischen Jazzplattensammler keinen Gesinnungsbruch. Er setzte jetzt legal fort, was ihn während der Nazizeit immer mit einem Bein im Gefängnis stehen ließ. Bei Radio Frankfurt, dem Sender der amerikanischen Militärregierung, machte er Jazzsendungen für Deutsche, im Amerika-Haus und anderen Institutionen gab er Schallplattenabende mit Einführungsvorträgen. Und als sein Freund Charles Delaunay ihm ankündigte, Coleman Hawkins und die James Moody Band kämen zu einer Konzerttournee nach Europa, da wurde Horst Lippmann 1949 auch Konzertveranstalter.

Denn daß einer der Götter des Saxophons in Europa auftreten würde, aber nicht nach Frankfurt käme, war für den Jazzfan Lippmann undenkbar. Nachdem alle damaligen Agenten abgesagt hatten, weil sie den Jazz nicht für konzertwürdig hielten, veranstaltete Horst Lippmann gemeinsam mit der German American

Youth Activity das Konzert selbst. Als in den frühen fünfziger Jahren Norman Granz für seine »Jazz at the Philharmonic«-Konzerte einen deutschen Partner suchte, fiel seine Wahl zwangsläufig auf Horst Lippmann.

1951 schon hatte der eigentlich stets im Hintergrund wirkende Frankfurter das Deutsche Jazzfestival gegründet, Mitte der fünfziger Jahre kam es zur Zusammenarbeit mit Fritz Rau. Aus dieser Verbindung – die erste echte Lippmann-&-Rau-Tournee fand 1962 statt, die Firma wurde 1965 offiziell gegründet – ist in den siebziger und achtziger Jahren eine der bedeutendsten europäischen Konzertagenturen geworden. Ein Imperium mit zwei Kaisern; denn Horst Lippmann war durch seine guten amerikanischen Kontakte stets der Einkäufer, Fritz Rau der Verkäufer. Lippmann mit seiner musikalischen Spürnase engagierte die Künstler, Rau organisierte die Tourneen. Daß Konzertveranstalter aber nicht nur Konzerte ermöglichen, daß sie auch auf musikalische Stile ihrer Zeit einwirken können, haben gerade Fritz Rau, vor allem aber Horst Lippmann mit dem »American Folk Blues Festival« bewiesen, das seit 1962 veranstaltet wurde und die gesamte englische Popmusik revolutionierte.

Horst Lippmann war nie ein Mann, der sich ins Rampenlicht gestellt hat. Was er aber in fast einem halben Jahrhundert leistete, war mehr, als nur die Lampe für Stars zu halten. Er hat eine Atmosphäre mitgeschaffen, in der sich die Musiker und ihr Publikum begegnen konnten. Die populärmusikalische Infrastruktur in Deutschland, das dichte Netz von Zufahrtsstraßen zum Jazz und zur Rockmusik – das ist zum großen Teil sein Werk.

Wolfgang Sandner

Ein Jazz-Musiker mit Mannschaftsgeist: Günter Lenz

Das ist die perfekte Idylle: Wir fahren von Landau an der südlichen Weinstraße nach Westen, an Feldern vorbei und zwischen Weinbergen hindurch, biegen nach einigen Kilometern von einer schmalen Landstraße nach links ab und befinden uns im Elsaß. Kein Zollbeamter steht an dieser buchstäblich grünen Grenze, statt eines Schlagbaums markiert nur ein kleines rostiges Schild den Übergang nach Frankreich. Fünf Minuten später stehen wir vor dem gemütlichen Häuschen von Günter Lenz in Wissembourg – oder Weißenburg, wie es die deutschen Wegweiser noch immer deklarieren.

Schmale Gassen, Fachwerkhäuser, eine Kirche, die dem Straßburger Münster ähnelt und nur wenig kleiner ist, einladende Lokale und die Lauter, die durch den Ort fließt und später in den Rhein mündet: In dieser Umgebung läßt es sich aushalten, hier lebt der Bassist Günter Lenz seit neun Jahren, gemeinsam mit seiner Frau und den beiden schwarzweißen Cockerspaniels Dawinah und Attila, benannt nach dem Gitarristen Attila Zoller – man hat es schon geahnt.

Der Frankfurter Dialekt ist dem so herzlichen wie gastfreundlichen Mann erhalten geblieben, ebenso die starke Verbindung zu seiner Heimatstadt, denn der Bassist, der im Juli 1938 in Frankfurt geboren wurde, gehört (seit 1960 mit einer kurzen Unterbrechung) dem Jazzensemble des Hessischen Rundfunks an. Die weite Entfernung zu Frankfurt empfindet er nicht als Nachteil, weil er häufig Tourneen unternimmt, zu Gastspielen reisen muß und von Wissembourg aus auch noch schneller nach Baden-Baden fahren kann, wo er ebenfalls häufig zu tun hat. »Der Kontakt zu den anderen Frankfurter Musikern war vor meinem Umzug auch nicht enger«, sagt er.

Daß er so lange Zeit weit abseits leben konnte und noch immer zu den renommiertesten europäischen Bassisten zählt, gibt ihm recht. Günter Lenz steckt voller Pläne und Zukunftswünsche und muß stets eine Reihe verschiedener Projekte gleichzeitig bewältigen. Zurückgekehrt von einigen Konzerten und Funkaufnahmen mit der neuen Big Band Alexander von Schlippenbachs, mußte er beispielsweise seinen Kompositionsauftrag für den Norddeutschen Rundfunk erfüllen, ein Stück für vier Bassisten anläßlich des zehnten Todestages von Charles Mingus, dieses genialisch-wüsten Übervaters vieler Jazzinterpreten auf dem Kontrabaß.

Seinen Gefallen am Jazz fand Günter Lenz wie viele seiner Kollegen nach dem Krieg durch die Sendungen des AFN, und sein Weg begann wie bei Albert Mangelsdorff mit der Gitarre. Kurze Zeit erhielt er Unterricht von einem Barmusiker, mit siebzehn Jahren (1955) absolvierte er die ersten Auftritte in amerikanischen Clubs. Mit seinen Mitschülern »jammte« er nach dem Unterricht in der Helmholtzschule im Klassenzimmer, dort lernte er Gustl Mayer kennen, der ihn in die Frankfurter Keller »mitschleppte«. Dann verbrachte er die Bundeswehrzeit auf recht angenehme Weise im Musikkorps, spielte Gitarre im Offizierskasino, komponierte für das Orchester und erhielt vom »Spieß« seiner Kompanie Unterricht auf dem Kontrabaß.

Im Jazzkeller hatte sich Günter Lenz schon einen Namen gemacht, als der Bassist Percy Heath ihn dort einmal hörte, und so sprang er gelegentlich ein, wenn einer Band ein Bassist fehlte: »Das fiel mir nicht so schwer, denn die Stimmung des Basses entspricht den untersten vier Gitarrensaiten.«

Sein instrumentales Können wuchs schnell, und 1960 verpflichtete ihn Albert Mangelsdorff für das HR-Jazzensemble und dessen eigenes Quintett, dem er bis 1972 angehörte. »Wir haben die ganze Zeit über versucht, uns weiterzuentwikkeln und besonders um 1968 in die politisch-musikalische Revolution miteinzustimmen.

Obwohl es dem Volk in dieser Zeit so gut ging, war man als freier Jazzmusiker nicht in die staatliche Versorgung einbezogen. Wir kannten uns damals untereinander so gut, daß wir manchmal ohne ein Thema auf die Bühne stiegen und der Sache freien Lauf lassen konnten. Von zehn Konzerten waren dabei allerdings nur zwei wirklich gut, fünf mittelmäßig, und die übrigen liefen schlecht. Dies war ein Grund, warum ich damals aufgehört habe.«

Weitere Stationen waren unter anderem das Trio von Heinz Sauer mit Peter Baumeister am Schlagzeug, die Big-Band von Kurt Edelhagen am Westdeutschen Rundfunk in Köln, ein Projekt mit dem Gitarristen Sigi Schwab, das Manfred-Schoof-Quintett und nicht zuletzt das eigene Ensemble »Springtime« (1974 bis 1981) mit dem Trompeter Johannes Faber, den Saxophonisten Frank St. Peter und Leszek Zadlo, dem Pianisten Bob Degen und dem Schlagzeuger Joe Nay. Einige Male war er schon für das Goethe-Institut als »Jazz-Botschafter« unterwegs, unter anderem mit Albert Mangelsdorff auf einer legendären Tournee im Jahre 1964 und sieben Jahre später mit den German All Stars, die nächste Reise wird ihn nach Südamerika führen. Auf etwa dreißig Schallplatten ist er zu hören, die genaue Zahl kennt er gar nicht. In der Zukunft will er noch mehr komponieren, unter anderem im Zwölftonbereich, dessen theoretische Grundlagen und Regeln er sich selbst beigebracht hat. »Ich habe mich viel mit Hindemith und mit Schönbergs Harmonielehre beschäftigt und vieles aus Partituren gelernt, die ich mir besorgt habe.«

Günter Lenz betrachtet sich als »Grundlinienspieler«, was in diesem Fall nichts mit Tennis zu tun hat. Es bedeutet vielmehr, daß man versucht, mit der Rhythmusgruppe den Solisten den notwendigen Halt zu geben. Im Ensemble von Albert Mangelsdorff war dies von besonderer Wichtigkeit, weil es ohne Pianisten spielte. »Der Bassist mußte das gesamte harmonische Gerüst bauen. Also versuchte ich, innerhalb der Chorusse und bei den Soli harmonisch klar zu strukturieren. Und sogar im Free Jazz versuchte ich stets, mein Schwergewicht auf das Spiel mit dem Schlagzeuger zu legen.«

Aber auch sonst gilt diese Auffassung: »Der Bassist ist innerhalb der Rhythmusgruppe das Verbindungsglied zwischen Schlagzeug und Klavier, damit auch eine Art Pulsgeber. Der Pianist muß sich häufig mehr nach den Bläsern richten, der Schlagzeuger hält den Rhythmus und sorgt für besondere Effekte. Der Bassist dagegen ist für das Bodenständige in der harmonischen Beziehung zuständig. Je bodenständiger er arbeitet, um so mehr Freiheit gewinnt der Pianist, und so kann ein Wechselspiel entstehen, das auch dem Schlagzeuger und dem Bassisten Freiheiten einräumen kann. Musik besteht schließlich aus einem Zusammenwirken von Rhythmus, Harmonik und Melodik. Zwei Teile davon müssen jeweils stark sein, das andere darf schwach sein. Das ist ein Gesetz. Auch in der Rhythmusgruppe müssen immer zwei Spieler für den dritten dasein.« Dieser Mannschaftsgeist ist allgegenwärtig: nicht nur während der Konzerte, er prägt auch Günter Lenz' zahlreiche Schallplatten.

Dieter Römer

AUFNAHMEN

mit der eigenen Gruppe »Springtime«:
- Roaring Plenties, LR 40 005
- Znel, Mood 23 444

mit anderen Gruppen:
- Emil Mangelsdorff, Swinging Oil Drops, LR 41002
- Wolfgang Dauners »Etcetera«, Knirsch, MPS/BASF 2121432
- Barney Wilen and His Amazing Free Rock Band, Dear Prof. Leary, MPS/BASF 2120674
- Hans Koller & Wolfgang Dauner, Free Sound & Super Brass, MPS 227952 (auch als Metronome 68109)
- Joe Haider Quintet, Reconciliation, EGO 4001
- Sal Nistico with Joe Haider Trio, Just For Fun, EGO 4002
- Manfred Schoof Quintet, Scales, Japo 60013
- Manfred Schoof Quintet, Light Lines, Japo 60019
- Giger/Lenz/Maron, Beyond, Nagara Mix 1011
- Giger/Lenz/Maron, Where The Hammer Hangs, Nagara 1015
- Don »Sugarcane« Harris Quintet, Keyzop, MPS 68032
- Don »Sugarcane« Harris Quintet, Flashin' Time, MPS 68033
- Peter Herbolzheimer Rhythm & Brass, Scejes, MPS 68041
- Colin Wilkie/Shirley Hart/Albert Mangelsdorff/Joki Freund, Wild Goose, MPS 15229 (auch als MPS 2120697)
- Peter Giger, Illegitimate Music, Nagara 1014

mit den Gruppen von Albert Mangelsdorff:
- Tension, LR 41001 (auch CBS 62336)
- Now Jazz Ramwong, CBS 62398
- Folk Mond & Flower Dreams, CBS 63162
- Live in Tokyo, enja 2006 (auch als TBM-5)
- Never Let It End, MPS/BASF 15274

mit Heinz Sauer:
- Cherry Bat, enja 50831 (CD 50 832)

auf den Sammelplatten:
- MPS Jazz Concert '69, The Great Re-Union, Center CEN 17048
- Born Free – The 12. German Jazz Festival (mit der Festival Big Band und dem Albert Mangelsdorff Quartet), Scout ScS 11

Heidelberger Jazztage '73 – Live! (mit der Gruppe »Summit«), MPS/BASF 2121913
The German All Stars, Live At The Domicile, MPS/BASF 3321279-3
City Jazz – Frankfurt-Main Streams (mit dem Frankfurter Jazz Ensemble und dem Joki Freund Jazztett), Telefunken 628341
Barock-Dichtung und Jazz, Electrola SME 74157
The German All Stars in Südamerika, CBS S 66217
Internationales New Jazz Meeting auf Burg Altena, JG 21/22
2. Internationales New Jazz Meeting auf Burg Altena, JG 027/28

Zwischen allen Stilen: Torsten deWinkel

»Ei, hier kommt de Winkel!«, so schallte ihm immer wieder das breite »Frankforderisch« entgegen und führte zur feudalen Veredelung seines Namens. Der junge Torsten Winkel nannte sich fortan »deWinkel«: Das Gesicht von der Anmut einer Madonna, der Pferdeschwanz etwa einen Meter lang, fast immer zu schalkhaftem Witz aufgelegt, charmant, obwohl meist etwas vorlaut. »Es gibt zwölf Töne und die Unterteilung von Zeit durch Zweier- und Dreierpotenzen – das ist im Prinzip die komplette westliche Musik jeglicher Stilistik.« Sich gegenseitig die Köpfe einzuschlagen, nur weil die einen Anhänger von Zweier- und die anderen Verfechter von Dreierpotenzen sind, diesen kalten Krieg zwischen Rock-Monisten und Jazz-Puristen hält deWinkel für absurd.

Mit Hingabe fräst der fünfundzwanzigjährige Gitarrist durch die fein säuberlich geharkten Gärtchen der Systematiker und stilistischen Gralshüter. DeWinkels kompositorische Bastelstunde verschweißt die scharfkantig rockende Attacke mit elegischen Lyrizismen. Von ethnischen Klangritualen über die solistische Intelligenz und den Biß des Bob bis zur Liedhaftigkeit des Pop reicht seine musikalische Geographie. »Schubladen haben ihre Berechtigung, sie dienen der Kommunikation. Mich interessiert jedoch die Substanz der Musik, die entweder Hormone freisetzt oder nicht.« Ein solcher musikalischer Liebesakt könne zu einem großen Teil nur nach dem Lustprinzip funktionieren. Das sei der deutschen Jazzer-Szene allerdings ziemlich fremd, meint deWinkel. Die weitere Entfaltung gerade dieses musikalischen Elements ist ihm ein ganz besonderes Bedürfnis.

Als »Gießkannen-Gejaule« empfindet der sechsjährige Torsten die Bebop-Hexereien eines Charlie Parker auf dem Plattenspieler seines Vaters. Sie führen damals noch nicht zu der Hormonausschüttung, die Torsten heute bei Birds wilder Achterbahn-Fahrt auf dem Horn registriert. Angenehme Verwirbelungen im Hormonhaushalt erreicht Torsten damals eher durch seine eigene orthodoxe Lärmentwicklung auf seiner ersten Piccolo-Gitarre. Die glühende kindliche Begeisterung für das Instrument läßt ihn immer wieder davon träumen, auch durch seine eigene ganz spezifische Bearbeitung der Gitarrensaiten mit dem Tennisschläger habe er sich schon sehr nahe an das Sound-Ideal der Beatles herangearbeitet. Die Saiten schneiden so böse in die zierlichen Fingerchen, daß eine weitergehende Beherrschung des instrumentalen Monsters zunächst gefährdet erscheint. Doch bereits mit elf Jahren kann er »Beatles Complete«, das Songbook mit Beatles-Stücken, rauf- und runterspielen. Der hochbegabte Autodidakt hat sich alles eigenhändig auf der Gitarre »zusammenklabustert«, wie er es ausdrückt, die Harmonielehre auf dem Piano »ertastet«. Nicht etwa Platten der Heroen des Jazz wecken deWinkels Leidenschaft für diese Musik, es ist eher deren Hinterhof: »Leute, die kaum einer kennt, lokale Jazzmusiker« in seiner Heimatstadt Neu-Isenburg sind seine Inspiration. »Maßgeblich beeinflußt hat mich ein Pianist, der in der Garage nebenan Jazz-Titel von Chick Corea spielte.« Woher dieser Pianist all sein Material bezog, das habe er erst später entdeckt, gesteht deWinkel. Doch diese Entdeckungsreise ist prägend für deWinkels heutige Ansichten: »Ich habe auch Respekt vor Musikern, die nicht zum größten Weltmeister werden, der je auf diesem Planeten gesehen oder gehört wurde.« Deshalb könne es

für ihn auch keine musikalische Heldenverehrung, kein Bejubeln der Stars geben. »Das Kranke ist doch, daß sich die Schaffung von Idolen nicht darauf beschränkt, zu erkennen: Da ist jemand, der hat etwas entwickelt, wovon ich lernen kann. Immer wieder führt das alles zur Vergötterung des Musikers per se. Da betreiben die Jazz-Musiker und das Publikum genau das gleiche wie die Teenies mit Modern Talking.« Und die Kehrseite dieser zweifelhaften Medaillenverleihung treibe ähnliche Blüten, meint deWinkel. Für viele junge Musiker werde die Entwicklung ihrer – oft nur vermeintlichen – musikalischen Eigenständigkeit zum Dogma: »Individualität als Selbstzweck, als Zwangscharakter.«
Jazz, das für deWinkel damals neue Objekt der Begierde, treibt ihn in den Frankfurter Jazzkurs von Christof Lauer: ein loser Zirkel, der sich in einer Art Jam-Session am Real-Book, der geballten Sammlung von Jazz-Standards, abarbeitet.

»Eine schöne Erfahrung, die wunderbaren Soli von Christof, heute vielleicht der interessanteste europäische Saxophonist, mit Akkorden begleiten zu dürfen, die meist völlig daneben waren. Plötzlich sollte ich Standards wie ›Giant Steps‹ oder ›Moment's Notice‹ spielen. Da mußte ich ganz schön kämpfen, um da noch mitzukommen.« Diese Erfahrung und die Begegnungen mit den »Wunderkind«-Kollegen Michael Sagmeister und John Schröder fordern deWinkels hartnäckigen Arbeitseifer heraus, schüren sein Leistungsbewußtsein.
Dann geht es in Siebenmeilenstiefeln voran. 1983, bei seinem ersten Auftritt auf dem Deutschen Jazzfestival Frankfurt, wird der amerikanische Schlagzeuger Alphonse Mouzon auf ihn aufmerksam. Das Resultat ist eine gemeinsame Tournee, und mit neunzehn Jahren gelingt deWinkel der Coup der deutschen Jazzgeschichte: »Mastertouch«, ein furioses Jazz-Rock-Album, deWinkel eingekreist von Stars der amerikanischen Musiker-Elite. Am Schlagzeug wechseln die Drum-Sticks zwischen Billy Cobham, Gerry Brown und Alphonse Mouzon, am Tenorsaxophon der rußende, durch tausend Studio-Sessions und Konzerte gegerbte Ernie Watts im Wechsel mit dem tenoristischen Dinosaurier der Fusion-Landschaft Mike Brecker. Die Kritik, von Regional-Postille über renommierte Feuilletons bis zu elaborierten Selbstverständigungs-Organen der Musiker-Gilde betörend irritierend in seltener Eintracht, zündet eine Kanonade von Lobeshymnen und feiert deWinkels Liaison mit der Riege der Stars als die lange herbeigesehnte, nun endlich erreichte Emanzipation der deutschen Szene von den Vereinigten Staaten.
Aber der Erfolg hat ein zweites Gesicht. Nicht nur Begeisterung schlägt deWinkel entgegen. In der wohl in jeglicher Hinsicht wild wuchernden Metropole hausbackener Apfelweinseligkeit wird

spätestens seit »Mastertouch« zurückgeschossen. DeWinkel ist das »bunte Huhn« der Frankfurter Szene, ein musikalischer Zwitter, ein »Nicht-Purist«, kein richtiger Jazzer, kein richtiger Rock-Musiker. Immer hat er neben Jazz auch Rock, Rap und Pop gespielt. Er schwärmt für Keith Jarrett und Pat Metheny – »da stimmt nicht nur die Auswahl der Töne, da stimmt die Dynamik, da stimmt die Form« –, im selben Atemzug bekennt er, daß ihn Platten von Prince inspiriert, ja geradezu umgeworfen haben.

Damit wird er zum Opfer der »psychopathischen Anwandlungen der Frankfurter Jazz-Szene«. Diese Symptome zeigen seiner Ansicht nach »nicht nur Musiker, sondern auch teilweise Kritiker und das Publikum, wenn diese – ohnehin einen ständigen Nervenkrieg jeder gegen jeden führend – in ihrem Bop-orientierten Purismus ihre Intoleranz gegenüber jedem noch so geringen Abweichler von der vermeintlich reinen Lehre zelebrieren. Da ist schon so manches zarte Pflänzchen erdrückt worden«. Dieses »krankhafte Bedürfnis nach Feindbildern« wird nach deWinkels Einschätzung mit einer Vehemenz ausgetragen, die an den legendären Glaubenskrieg um die Verwendung elektrischer Instrumente im Jazz erinnere.

Wenn deWinkel sich mit dem Vorschlaghammer am Schleiflack-Design der deutschen Jazz-Hauptstadt zu schaffen macht, dann sei es nicht er, der Beulen und Kratzer anrichte. Die hat man ihm zugefügt. Die »schwärzeste Blüte« jener von der Szene hausgemachten Psycho-Hatz war für ihn die schließlich sogar in den Medien kolportierte Verleumdung, sein angeblich wohlhabender Vater habe ihm die Kontakte zu amerikanischen Jazzern finanziell erkauft. »Das war der größte Hammerschlag auf den Kopf, der überhaupt vorstellbar ist. Schließlich hatte ich, seit ich dreizehn Jahre alt war, mit all meiner Kraft und Liebe dafür gekämpft, Profimusiker zu werden, meine Musik machen zu können.« Die infame Unterstellung hat sich bis heute in einigen Ecken der Jazz-Szene gehalten, obwohl die Wirklichkeit schon längst andere Lektionen erteilt.

Zusammen mit dem Bassisten Hellmut Hattler ist deWinkels zweites Album »Humanimal Talk« erschienen. Mit dem brasilianischen Perkussionisten Nana Vasconcelos, mit Joel Rosenblatt, dem Schlagzeuger des kubanischen Saxophonisten Paquito D'Rivera, und mit dem Herbie Hancock-erprobten Saxophonisten Dave Wilczewski sind auch hier wieder amerikanische Stars vertreten. Kollern und Kieksen von Dschungel-Lauten verschmilzt da mit dem Gebrodel ominöser Sampling-Sounds der Maschinen-Welt. Die lautmalerische Expedition durch das Labyrinth rhythmisch vertrackter Kaskaden und sturmumwogter Stakkato-Gipfel, über denen das Klanggewitter des Donnergotts namens ›Micro-Chip‹ tobt, führt in akustische Hochebenen von hymnischer Weite. Was Torsten deWinkel an Gitarre, Piano, Synthesizer und Percussion in einem Mammut-Bastel-Workshop in verschiedenen Studios zwischen New York und dem Keller seines langjährigen Domizils in Langen bei Frankfurt an zartgliedriger Sound-Finesse zusammengemixt hat, erobert zwar keine neuen musikalischen Territorien, veredelt aber bereits okkupierte Gebiete.

Und noch eine schallende Ohrfeige für die Verfechter der These des »Karriere-Einkaufs«. Hier fällt das verleumderisch freche Bauwerk böser Zungen in sich zusammen: Längst wurde der Saiten-Virtuose aus dem biederen Siedlungshäuschen am Langener Ortsrand von den Amerikanern »eingekauft«. DeWinkel ist seit einiger Zeit ständiges Mitglied der kalifornischen Jazz-Rock-Gruppe »Vital Information«. In dieser Formation des Schlagzeugers Steve Smith, der zur Zeit auch in der Gruppe »Steps Ahead« trom-

melt, hat Torsten deWinkel die Nachfolge des ehemaligen Miles Davis-Gitarristen Mike Stern angetreten. Auf dem letzten Album von Vital Information spielt deWinkel unter anderem an der Seite des von Chick Corea entdeckten Gitarristen Frank Gambale. Die Adelsriege der Jazz-Rock-Alchimisten hat deWinkel Einlaß gewährt.

DeWinkel, schon seit längerem nur noch zeitweise in Frankfurt anzutreffen, hat mittlerweile seinen Hauptwohnsitz in Boston/Massachusetts eingerichtet. Die Berklee School Of Music, ihr Umfeld, aber auch insgesamt das Klima der amerikanischen Musiker-Szene sei »weniger aggressiv und destruktiv«, hier herrsche eine »positivere Mentalität, die man bei uns allzu oft als oberflächlich empfindet und damit verkennt«. Anschaulich wird deWinkels ›Zwei-Welten-Theorie‹ in seiner musikalischen Klima-Lehre durch eine Anekdote des jugendlichen Weltenwanderers. »Wenn ich in Amerika spiele, kommen nach den Konzerten aus dem Publikum zwei unterschiedliche Reaktionen. Der eine Typ sagt: ›Mensch, ich fand deine Funk-Titel so interessant!‹ Der andere sagt: ›Ich fand deine Jazz-Stücke so interessant!‹ Wenn ich nach Deutschland komme, dann begegnen mir auch zwei Sorten von Typen, zwei unterschiedliche Reaktionen. Der eine sagt: ›Ihr habt doch früher so tolle Jazz-Sachen gemacht, was habt ihr denn heute für einen Pop-Scheiß gespielt!‹ Der andere sagt: ›Ich habe deine Funk-Sachen gehört, wirklich tolle Musik, aber was habt ihr heute für einen Jazz-Scheiß gespielt!‹ – Genau das macht den großen Unterschied aus.« Hierzulande fehle einfach die Toleranz. In Amerika sei es völlig normal, daß man sich unter Musikern hilft. Frei von Cliquen-Bewußtsein, das sich über musikalische Schubladen definiert, »findet da offener stilistischer Austausch statt, ja es ist sogar gang und gäbe, daß man auch ›licks‹ untereinander austauscht«. Die Attribute von deWinkels neuer musikalischen Heimat sind positiv besetzt, aber keineswegs naiv oder euphorisch verklärt. Das Klima unter den Musikern könne aber einiges von den ökonomisch harten Arbeitsbedingungen kompensieren.

DeWinkel ist zuversichtlich. Wenn die Hormonausschüttung beim amerikanischen Publikum ähnlich rasant ausfallen sollte wie die positiven Zeugnisse, die er von einigen amerikanischen Musikern ausgestellt bekommt, dann werden eines Tages womöglich selbst die ehemals bösen Zungen in Mainhattan stolz sein auf »ihren« Frankfurter Bub.

Guenter Hottmann

AUFNAHMEN

unter eigenem Namen:

Mastertouch, VeraBra 12

Torsten deWinkel/Hellmut Hattler, Humanimal Talk, VeraBra 23

mit Steve Smith and Vital Information:

Fiafiaga Celebration, Columbia FC 44334

mit Alphonse Mouzon:

The Sky Is The Limit, Metronome/Pausa

mit Hellmut Hattler:

Heartware, Vielklang VM 308603

auf der Platte:

Are you ready for . . . basstalk, Hot Wire Records Hot 8901 L

Neuer deutscher Blasmusiker: Michael Sell

Einige Kenner der Frankfurter Jazz-Szene behaupten, in dieser Stadt habe man in der Entwicklung des Jazz unmittelbar nach dem Krieg den Bebop einfach übergangen und sei geradewegs in den Cool Jazz hineingesprungen, weil es hier zu dieser Zeit keine guten Trompeter gegeben habe. Das Bild von der Frankfurter Jazz-Avantgarde wider Willen hat etwas für sich. Denn zum einen ist der Bebop tatsächlich ohne sein Hauptinstrument Trompete nicht so leicht vorstellbar, und zum anderen waren die Trompeter jener Jahre entweder schon so alt, daß sie nicht mehr so recht vom Swing loskamen, oder so jung, daß sie die Komplexität des Bebop noch nicht wirklich begriffen haben.

Wenn man an den Frankfurter Trompeter Michael Sell denkt, der 1942 geboren wurde, dann könnte man die Spekulation noch ein wenig in diese Richtung vorantreiben. Was wäre wohl aus dem Frankfurter Jazz geworden, wenn Sell zehn oder gar fünfzehn Jahre früher geboren worden wäre? Hätte es dann eine Frankfurter Bebop-Richtung gegeben, wie es einen typischen Frankfurt Cool Jazz um Albert Mangelsdorff und Joki Freund gegeben hat? Die Gedankenspiele sind müßig. Gewiß, Michael Sell ist der einzige Trompeter Frankfurts, der vom Ton, von der Phrasierung und Artikulation, aber auch vom komplexen harmonischen Denken her eine solche Entwicklung hätte vorantreiben können. In seinem ganzen realen Werdegang aber ist er alles andere als ein Vertreter von Richtungen und Schulen.

Er kann, wenn er will, lupenreinen Bebop spielen. Er könnte auch Free Jazz machen, und zwar in einer Art und Weise, die vergessen läßt, daß die Kaputtspielphase dieses Anti-Stils längst vorbei ist. Vor allem aber kann er auch Partituren schreiben, die so komplex sind, daß viele Jazzmusiker erst einmal eine Gebrauchsanweisung studieren müssen, um durch das Labyrinth der möglichen Klänge hindurchzufinden. Und Orchestermusikern ohne Jazzerfahrung wäre gleich gar nicht zu helfen; es sei denn, man schickte sie für fünf Jahre als Austauschschüler nach Harlem, mit der Auflage, nicht nur Musik zu hören, sondern auch dort zu wohnen, zu essen – mit anderen Worten: die Existenzgrundlage des Jazz am eigenen Leibe zu erfahren.

Michael Sell, der zu keiner Band zählt, der keiner Richtung und keiner eigentlichen Szene angehört, der seit über zehn Jahren seine Schallplatten auf einem eigenen Label herausbringt, dessen Kompositionen von der Gema als »Ernste Musik« eingestuft und abgerechnet werden, dem jeder äußere Zwang verhaßt ist und der sich auch weigert, menschliche Bindungen staatlich absegnen zu lassen, dieser Michael Sell ist ein Original unter den vielen Originalen des Jazz. Ein Kauz jedoch, ein verschrobener musikalischer Eigenbrötler, der sich sein ästhetisches Süppchen ungenießbar für die Allgemeinheit kocht, ist er nicht. Was er schreibt, hat immer einen hörbaren Bezug zur Gesellschaft, ist nie Musik an sich. Und sei es in der ironischen Brechung von musikalischen Haltungen und Traditionalismen. So hat er beispielsweise ein Werk für drei Spieler komponiert, das er »Lexikon« nannte. Die genau vorgeschriebenen und zeitlich geregelten Aktionen der Spieler sind durch Begriffe aus einem musikalischen Nachschlagewerk definiert. Sollte ein Perkussionist innerhalb seines Parts auf das Wort »Kunstlied« stoßen, hat er die Möglichkeit, zu schweigen oder aber den Begriff für sein Instru-

ment zu transkribieren, musikalischer Sarkasmus inbegriffen.
In gewisser Weise, und das behauptet er selbst auch entschieden, ist er der künstlerische Antipode des Komponisten Bernd Alois Zimmermann. Dieser sei ein E-Komponist gewesen mit einer sehr starken Beziehung zum Jazz. Michael Sell ist von seinem Werdegang her ein Jazzmusiker, zu dessen Stil als integraler Bestandteil die sogenannte ernste Musik dazugehöre. Michael Sell ist auch der Ansicht, eine Oper wie Zimmermanns »Soldaten« sei im Grunde für Jazzmusiker geschrieben und nur von solchen adäquat zu realisieren: eine Idee, die etwas für sich hat, wenn man sich den ganzen vitalen Hintergrund von Jazzmusikern in eine Interpretation des Werkes hineindenkt. Immerhin aber hat er selbst eine Oper geschrieben, die eigentlich – auch im Sinne Zimmermanns – aus drei simultan gespielten Opern besteht.
Warum schreibt ein solcher Anti-Traditionalist wie Michael Sell überhaupt so etwas wie eine Oper oder – wie für die »Frankfurter Feste« – ein szenisches Oratorium? Ein Blick in die Partituren genügt, um zu sehen, daß von den historischen Formen nicht viel mehr als der Name übriggeblieben ist, allenfalls der ursprüngliche Sinngehalt eines Wortes wie Oratorium. Wofür sich der grenzüberschreitende Jazzmusiker Michael Sell aber interessiert, sind die gewachsenen Strukturen des musikalischen Betriebs, die er für sich und seine neue Musik nutzen möchte: Man müsse ja keine neuen Häuser für seine Werke bauen, wenn es schon Konzertsäle und Opernhäuser gebe. Und im übrigen tauge seine Musik häufig nicht für die Atmosphäre eines Jazzkellers, in dem sich das Publikum mit Rauchen und Trinken eher von der Musik entferne, als ihr konzentriert zuzuhören. Daß der Jazzkeller zur Geschichte dieser Musik gehört, daß er eine lebendige Tradition verkörpert, leugnet Sell nicht, der ja schließlich selbst während seines Studiums dort aufgetreten ist. Nur zum jetzigen Stand seiner musikalischen Entwicklung paßt dieses Ambiente nicht mehr.
Wer sich Michael Sells Musik anhört, wird das unschwer bestätigen. Vielleicht schreibt er als Jazzmusiker in Deutschland zur Zeit überhaupt die komplexesten und kompliziertesten Partituren. Vielleicht liegt es daran, daß Michael Sell es nie nötig hatte, Musik zu studieren. Als Kind von Musikern hat er Musik konsumiert »wie andere Kinder Eis essen«. Nach dem Abitur war er als Musiker schon fertig und studierte lieber Politologie und Naturwissenschaften, um sich als Persönlichkeit zu entwickeln. Sein Motto war da zwar nicht neu, aber manchem Künstler wäre es ins Stammbuch zu schreiben: Wer nur etwas von Musik versteht, versteht nicht einmal etwas von Musik. Michael Sell hat es beherzigt. Zu unser aller Vorteil.

Wolfgang Sandner

Michael Sell schrieb Werke für Jazzband, Blechblasensemble, Kammerorchester, großes Orchester, gemischten Chor, das Hörspiel »Schall«, nach einem Text von Adam Seide für Sopran, Sprecher, Klarinette, Altsaxophon, Baritonsaxophon, Trompete, Harmonium, Klavier, Malletinstrumente, Percussion und musique concrète (1985), die szenische Aktion »Die Brotmaschine« für Trompete, Percussion und Brotteig (1985),

das Hörstück »No Jazz« für Trompete, Fagozugtrompete, Altsaxophon, Tenorsaxophon, Sopransaxophon, Flöte, Klarinette, Klavier, Cembalo, Keyboard-Synthesizer, Kontrabaß, Percussion, Stimmen und musique concrète (1988), eine »Ekmelische Symphonie« für großes Orchester (1989) sowie das Oratorium »Hiroshima Mon Amour« für Soli, Sprecher und großes Orchester, nach Texten von Marguerite Duras und F. Moritz (1989).
Ein ausführliches Interview zwischen Michael Sell und Jürgen Abi Schmitt erschien unter dem Titel »Musik ist ohne Herrschaft« in der Zeitschrift »Jazz«, Nr. 2, Basel 1984. Ferner erschien ein Artikel über Sell in: Ekkehard Jost, Europas Jazz 1960–1980, Frankfurt 1987.

AUFNAHMEN

unter eigenem Namen:

- Frictions, Eigenverlag 12-7-69
- Frictions Now, Eigenverlag 9-7-71
- Hot and Free (mit Barrelhouse Jazzband), H + F Productions 1 (MISP 503)
- Im Walde, MISP 504
- Fünf Stücke für 11 Instrumente, MISP 505
- Innovationen, MISP 506
- Jugoslawische Quartette, MISP 507
- Emanationen, MISP 508
- Der Heilig'n Landmusik, MISP 509
- Klangernährung, MISP 511
- Trio Neue Deutsche Blasmusik, MISP 512
- Sechs Fürsprüche I–III, Ensemble Deutsch-Französische Freundschaft, MISP CD 514
- Sechs Fürsprüche IV–VI, Ensemble Deutsch-Französische Freundschaft, MISP CD 515

auf der Sammelplatte:

- Born Free – The 12. German Jazz Festival (mit der Free Jazz Group Wiesbaden und dem European Free Jazz Orchestra des Art Ensemble of Chicago), Scout ScS 11

Ein Antiquar der Jazzgeschichte: Reimer von Essen

Ein böser Satz vom modernen Jazzgitarristen Volker Kriegel in den siebziger Jahren hat ihn sehr getroffen: Der Oldtime Jazz, gespielt von jungen Interpreten in Europa, sei vor allem zur Steigerung des Bierkonsums tauglich. Was den Klarinettisten Reimer von Essen an dem Urteilsspruch so verletzt hat, war aber mehr das pauschale In-einen-Topf-Werfen aller Hot-Jazz-Musiker. Er selbst hat sich nie zu den Feierabendmusikern gezählt, die mit mehr oder weniger Geschick ein paar Improvisationsklischees aus der Anfangsgeschichte des Jazz von alten Platten kopierten und als kulturellen Beitrag zu Tanzveranstaltungen und feuchtfröhlichen Parties beisteuerten.

Reimer von Essen war immer schon ein Antiquar, der sich fast ausschließlich mit den authentischen Jazzformen beschäftigt hat, die in den ersten drei Jahrzehnten dieses Jahrhunderts in New Orleans und anderen Zentren Amerikas entstanden sind. Und Antiquar bedeutet bei einer so flüchtigen Kunst wie dem improvisierten Jazz, den Klang spielend zu bewahren; so echt wie möglich und so phantasievoll neugestaltet wie nötig.

Die Diskussion über den alten Jazz und die Möglichkeiten, ihn zu konservieren, wo doch die Musiker, die ihn ursprünglich kreierten, fast alle längst verstorben sind, ist mittlerweile selbst fast antiquarisch geworden. Einem Musiker wie Reimer von Essen, der sich auch theoretisch mit der alten Spielpraxis auseinandergesetzt hat und über das soziale Umfeld, die Lebensbedingungen, die ganze kulturelle Atmosphäre, die zur Entstehung des Jazz führte, akribisch forschte, läßt sich schwerlich widersprechen bei seinen flammenden Verteidigungsreden des Oldtime Jazz: Herbert von Karajan habe auch in einer anderen gesellschaftlichen Situation gelebt und dennoch Mozart interpretiert. Warum könne man da nicht die Musik von Louis Armstrong heute klingend bewahren. Im übrigen seien auch viele sogenannte moderne Jazzmusiker inzwischen zu Konservatoren geworden. Auch sie spielten seit dreißig Jahren stilistisch identische Musik. Daß es beim Oldtime Jazz vielleicht etwas fröhlicher zugeht und das Publikum seinen Spaß hat, spricht nicht gegen die Musik, obwohl gerade in Deutschland die Gefahr besteht, Schwerfälligkeit mit Tiefsinn und demzufolge Freude mit ästhetischem Leichtsinn zu verwechseln.

Warum er sich für den alten Jazz, die Musik von Louis Armstrong und King Oliver, von Jelly Roll Morton und Sidney Bechet entschieden habe, dafür hat Reimer von Essen eine plausible Erklärung: Wenn beim Anschlagen einer Stimmgabel eine zweite identisch mitschwinge, dann ist sie eben gleich gestimmt und kann beim Anschlagen auch keinen anderen Ton als die erste Stimmgabel hervorbringen. Als er im Alter von elf Jahren seine ersten Jazzplatten hörte, ist sozusagen seine innere Stimmgabel in Schwingung versetzt worden wie bei keiner anderen Musik.

Seitdem hat ihn der Jazz nicht mehr losgelassen, von Essen ist ihm gewissermaßen mit der Klarinette auf der Spur geblieben, hat alte Platten gesammelt, alte Kompositionen für sich und seine Band arrangiert, vergessène Werke ausgegraben, alte Spielarten wiederbelebt und wie kein zweiter Musiker in Deutschland und wie nur wenige Musiker auf der ganzen Welt zum differenzierten Verständnis dieser Klangwelt beigetragen. Daß man die Barrelhouse Jazzband, der er seit 1962 angehört und die er seit dieser Zeit auch leitet, zum »Ehrenbürger« der Stadt New Orleans machte, scheint nur gerecht.

Die Barrelhouse Jazzband, 1953 gegründet, ist im übrigen eine der ältesten Bands in der Bundesrepublik, die auch im Ausland einen guten Namen hat. Reimer von Essen hat ihr mit seinen Arrangements und seinem temperamentvollen Improvisationsstil ein unverwechselbares Profil gegeben. Vor allem hat er im Repertoire stets Schwerpunkte gebildet, wenn man will: historisch-chronologische Forscherarbeit geleistet. Verdienstvoll war dabei vor allem das Jelly-Roll-Morton-Projekt, mit dem die Werke des genialen Pianisten und überaus originellen Komponisten Morton sozusagen in neuem Gewand wiederentdeckt wurden. Gerade die Art, nicht auf die komplizierten und komplexen Orchesterarrangements von Morton selbst zurückzugehen, vielmehr seine Klavierfassungungen stilsicher neu für die Band zu setzen, hat einen Weg für etwas gewiesen, was man mit lebendiger Jazztradition bezeichnen könnte.

Bestimmend für sein Spiel auf der Klarinette ist allerdings stets die Musik von King Oliver und Louis Armstrong gewesen, und dort wiederum das Spiel des unvergleichlichen Johnny Dodds, der 1940, im Geburtsjahr von Reimer von Essen, gestorben ist. Der Klarinettist hat ihn so gut studiert, daß er ihn zum Verwechseln imitieren kann, wenn er will. Daß er es so wenig tut, spricht für sein musikalisches Verantwortungsbewußtsein: Reimer von Essen weiß, wie es die Alten gemacht haben, und formt daraus etwas Neues, Eigenes.

Vielleicht wird er es in Zukunft noch besser tun können, wenn er, der seit 1957 Jazzmusik ökonomisch als Amateur, ästhetisch aber als Professional betreibt, sich ganz auf die Musik konzentriert und nicht mehr seinem Beruf als Lehrer an einer Frankfurter Grund- und Hauptschule nachgehen wird. Wie dem auch sein wird: aus dem Frankfurter Kulturleben ist die Musik des eher zufällig in Hamburg geborenen, aber keineswegs ohne Grund seit 1949 in Frankfurt lebenden Klarinettisten nicht mehr wegzudenken. Wer weiß, vielleicht wird der Ehrenbürger von New Orleans ja auch einmal Ehrenbürger von Frankfurt. Daß Frankfurt immer noch als Jazzhauptstadt Deutschlands gilt, dazu jedenfalls hat auch Reimer von Essen beigetragen.

Wolfgang Sandner

Aufnahmen mit der »Barrelhouse Jazzband«:

- Driving Hot Jazz From The 20's, GHB Records 49
- Talking Hot, LR 41009
- Jazz in einer alten Stadt, GFN-SM-0172
- Hot and Free (mit Michael Sell), H + F Produktions 1 (MISP 503)
- Rebecca, Bellaphon 26003002 (BLPS 19/86)
- Travellin' Blues, Bellaphon 26003003 (BLPS 19205)
- You are driving me crazy, Bellaphon 26003004
- Drum Face (mit dem Trevor Richards Trio), Phonola PR 7017
- 25 Jahre Barrelhouse Jazzband, Intercord 155030
- Barrelhouse Jazzband + Carrie Smith, Intercord 145017

Barrelhouse Jazzband plays Jelly Roll Morton, Intercord 145038
Barrelhouse Jazzband plays Early Swing, LR 40020
Barrelhouse Jazzband plays The New Orleans Renaissance, LR 40022
Barrelhouse Jazzband plays Duke Ellington, LR 40026

Aufnahmen mit der »Ragtime Society«:
Pleasant Moments, Joke Records JLP 205
Memories of You, Joke Records JLP 217

Aufnahmen mit »Jazz Classics«:
Classic Jazz, Joke Records JLP 213
Yonder Comes The Blues, Stomp Off Records S. O. S. 1061

Weitere Aufnahmen in anderen Bands:
Art Hodes' International Trio, Blues To Save The Trees, LR 40015
Art Hodes' Blues Serenaders, The Music of Lovie Austin, Stomp Off Records S. 1184

Schriften von Reimer von Essen:

(mit Mirjam Sohar:) Die Geschichte des Jazz in Frankfurt, in: Jazzforschung 5, hrsg. v. Friedrich Körner und Dieter Glawischnig, Graz 1973, S. 86–102

New Orleans, in: Die Story des Jazz, hrsg. v. Joachim-Ernst Berendt, Stuttgart 1975, S. 12–29

Jazz, Didaktisch-analytischer Kommentar zur Schallplatten-Kassette »Jazz« in der Reihe »Opus Musicum«, hrsg. v. Wolfgang Sandner, Köln 1980

Eindringliches Gefühl, durchkomponierte Form: Emil Mangelsdorff

Füllmaterial wegzulassen, eine hochwertige Aussage mit so wenig Tönen wie möglich zu machen: so lautet heute das künstlerische Credo von Emil Mangelsdorff. Selbstbeschränkung, die Konzentration auf das Wesentliche und Bescheidenheit sind Begriffe, die nicht nur die Musik des 1925 in Frankfurt geborenen Jazzers, sondern auch sein Wesen auszeichnen. Wenn er in seiner lichtdurchfluteten Altbauwohnung von sich und den vielen Jahren spricht, in denen er die deutsche und speziell die Frankfurter Jazz-Szene geprägt hat, wird rasch deutlich, daß ihm weder auf Effekte zielende Eigenreklame noch künstlerische Schaumschlägerei liegt.

»Mittlerweile«, so sagt Mangelsdorff fast bedauernd, »gibt es eine große Menge an jungen Talenten, die in der Nachfolge von John Coltrane irrwitzig schnelle und virtuose Tonfolgen spielen, aber hierdurch auch eine gewisse stilistische Konformität erkennen lassen.« Das Technische werde zu sehr in den Vordergrund gestellt. Doch lebe der Jazz gerade in Zeiten, wo es eine unglaubliche Fülle an kompositorischen Mitteln gebe und handwerkliche Perfektion selbstverständlich sei, von Themen, die durch schlichte emotionale Eindringlichkeit bezauberten. »Man sollte versuchen, sich jeder Note, die man spielt, bewußt zu sein«, fordert der Saxophonist.

Kein Wunder, daß in den Stücken, die Mangelsdorff mit seinem Quartett darbietet, die musikalische Syntax stets ein ausgefeiltes formales Gleichgewicht besitzt, das dem Gefühlsausdruck zwar einen hohen Stellenwert einräumt, ihn aber immer wieder in durchkomponierte Bezirke zurückführt. Folgerichtig hat Mangelsdorff für den Free Jazz nie eine große Zukunft gesehen. Er sei ein vorübergehender, wenngleich wichtiger Einschnitt gewesen, der festgefahrene Strukturen aufgebrochen habe.

Begonnen hat die Karriere von Mangelsdorff, der an der Musikhochschule Klarinette, Klavier und Schlagzeug studierte, unter schwierigen Bedingungen: 1941 als Mitgründer des »Hotclub Frankfurt«, mußte er sich schon bald mit dem Jazz-Haß der Nazis auseinandersetzen. Er und seine Kollegen, die damals im Kyffhäuser Hotel und in der »Rokoko-Diele« die als »jüdisch inspirierte Niggermusik« verunglimpften Klänge aus New Orleans interpretierten, sahen immer wieder, wie sich Spitzel der Gestapo unter das Publikum mischten, um Leute ausfindig zu machen, die nicht in der Hitlerjugend organisiert waren und ihr Vergnügen in für subversiv gehaltenen Zirkeln suchten. Mangelsdorff wurde von der Gestapo mehrmals vorgeladen, bekam zwangsweise die Haare geschnitten und wurde 1943 zum Arbeitsdienst herangezogen. Danach schickte man ihn an die Front – 1949 wurde der Musiker aus russischer Kriegsgefangenschaft entlassen.

»Nach meiner Rückkehr«, erinnert sich Emil Mangelsdorff, »merkte ich, daß sich ein folgenreicher stilistischer Umbruch vollzogen hatte.« Der Two-Beat-Jazz, mit dem der Musiker groß geworden war, hatte Konkurrenz durch den Bebop bekommen. Doch Carlo Bohländer, die Vaterfigur des Frankfurter Jazz, half dem Heimkehrer, den Anschluß schnell zu finden. Mangelsdorff kaufte sich ein gebrauchtes Saxophon: Die neuen Hausgötter lauteten wie bei vielen Jazzern, deren prägende Jahre das erste Nachkriegsjahrzehnt waren, Lee Konitz und Lennie Tristano. Es ging schnell auf-

wärts, das Nachholbedürfnis des Publikums war groß: Emil Mangelsdorff, der nun bei Joe Klimm (1952–53), mit seinem Bruder, Joki Freund und Jutta Hipp (1954–55) spielte, verbuchte nicht nur Erfolge bei den damals beliebten Jazz-Polls, sondern füllte auch mit dem von ihm geleiteten Tournee-Ensemble »History of Jazz« Räume wie die Westfalenhalle.

Ein weiterer wichtiger Meilenstein war die Geburt des Jazzensembles des Hessischen Rundfunks 1958, mit dem der Künstler bis heute eine ganze Enzyklopädie improvisierter Musik geschaffen hat. Daneben arbeitete Mangelsdorff mit vielen prominenten amerikanischen Musikern zusammen und leitete zwischen 1960 und 1966 mit Bohländer den Jazzkurs an der Frankfurter Jugendmusikschule. 1968 besuchte er Südamerika, 1971 Asien mit den »German All Stars« und führte die »Festival Big Band« des Deutschen Jazzfestivals in Frankfurt. Auch schrieb er eine 1965 herausgekommen und mittlerweile weitverbreitete »Anleitung zur Improvisation für Saxophon«. Vergleichsweise hohe Auflagen erzielte seine Langspielplatte »Swinging Oil Drops«. Doch gerade als für Mangelsdorff der berufliche Zenit erreicht war, ereilte ihn ein schwerer Schicksalsschlag: 1973 starb seine Ehefrau Simone, eine namhafte Opernsängerin, die die Liebe des Jazzers zur klassischen Musik geweckt hatte. Über den Zaun zu blicken, sich mit den Dingen außerhalb seines Berufs zu beschäftigen, ist für den Künstler auch heute noch unabdingbar: Politik und Geschichte lauten zwei seiner

Steckenpferde, er geht gern ins Theater, liest Schopenhauer ebenso interessiert wie Ulrike Meinhoff.
Für den drei Jahre jüngeren Bruder, den Posaunisten Albert Mangelsdorff, empfindet er große Bewunderung. Obgleich er weiß, daß dieser größeres internationales Renommee besitzt als er selbst, möchte er nicht mit ihm tauschen: »Mein Platz ist im Kollektiv. Alleine herumzureisen und solistisch aufzutreten paßt nicht zu meinem Naturell.«

Thomas Garms

AUFNAHMEN

unter eigenem Namen:

Jazz By The Sea, Muza Polskie Nagrania L 0159
Original-Life-Aufnahmen vom »Deutschen Jazz-Salon Berlin 1961, Opera 4341
Swinging Oil Drops, LR 41002
Interaction Jazz, Telefunken 623282
10 Jahre Interaction Jazz, LR 40021
Like A Drop of Oil, CBS ST 63068
Old Fashion New Sound, Europa E 386

mit dem Attila-Zoller-Quartett:

Lyrik und Jazz – Gedichte von Heinrich Heine, Philips SM 840479

mit dem George Gruntz Quintett:

Jazz Goes Baroque, Philips SM 840476

mit Albert Mangelsdorff And His Frankfurt All Stars Featuring
Hans Koller; Rhein-Main Jump, Jazztone J-1246

mit dem Joki Freund Quintet:

Joki's Sparkle, Jazztone J 721

mit den Frankfurt All Stars:

Vier Temperamente, Brunswick EPB 10059

mit Albert Mangelsdorff und dem Jazz-Ensemble des Hessischen Rundfunks:

Die Opa Hirschleitner Story, Brunswick 10815 EPB

mit Albert Mangelsdorff und seinem Jazztett:

Modern Jazz, Neckermann 944/13

mit dem Albert Mangelsdorff Septett mit Tete Montoliu:

Original-Life-Aufnahmen vom »Detuschen Jazz-Salon Berlin 1961«, Opera 4362

mit Colin Wilkie/Shirley Hart/Albert Mangelsdorff/Joki Freund:

Wild Goose, MPS 15229 (auch als MPS 2120697)

auf den Sammelplatten:

Jazz in Europe (Frankfurt All Stars), Concert Hall SJS 1303
City Jazz – Frankfurt-Main Streams (mit eigenem Quartett, dem Frankfurt Jazz Ensemble, der Gruppe »From« sowie dem Joki Freund Jazztett), Telefunken 628341
The German All Stars, Live At The Domicile, MPS/BASF 3321279–3
The German All Stars in Südamerika, CBS S 66217
Born Free – The 12. German Jazz Festival (mit der Festival Big Band), Scout ScS 11

Ein Balanceakt zwischen Jazz und Klassik: Elvira Plenar

Der Jazz war stets Männersache. Nicht, daß Frauen nur geduldet oder gar abgelehnt wurden: Aber Musikerinnen wie Billie Holiday, Barbara Thompson, Geri Allen und Gabriele Hasler führten und führen ein Dasein in einer kleinen Nische, abseits des Jazz-Patriacharts. Auch in Frankfurt, das gerne noch die deutsche Jazz-Hauptstadt sein möchte, muß man eine Weile überlegen, wenn man eine Dame in das große Gruppenbild stellen möchte. »Es ist immer noch schwer, sich durchzusetzen, aber ich will dazu beitragen, daß sich die Lage der Frauen bessert«, sagt die Pianistin Elvira Plenar, die gemeinsam mit Markus Bekker – auch ein Pianist – und ihren beiden Katern Rimskij und Korssakow in Alt-Eschersheim wohnt. »Ich hatte zunächst Zweifel, ob ich durchkommen werde. Eine Frau, die eine Chance braucht, wird erst einmal als Frau betrachtet.«

Elvira Plenar macht nicht den Eindruck, als ob sie gern die Ellbogen benutzte, um an ein Ziel zu gelangen; sie wirkt so sympathisch wie sensibel, wenngleich sie sagt, sie könne auch stark sein: »Ich mußte mich oft selbst stärken. Oft brauche ich Leute, die auf mich zugehen, und hin und wieder gab es Andeutungen von Männern, die mich geschwächt haben. Es war schwierig, und das ist es immer noch, wenn man seine weibliche Denk-, Ausdrucks- und Fühlweise nicht verleugnen will. Falls eine Frau sich in diesem Metier einmal dazu entschließt, Mutter zu werden, ist sie immer auf die Unterstützung des Mannes angewiesen.«

Inzwischen ist die Pianistin und Synthesizerspielerin, Jahrgang 1955, an so vielen unterschiedlichen Projekten beteiligt, daß man sagen könnte: Sie hat es geschafft. Seit einigen Jahren spielt sie regelmäßig in der Big Band des Hessischen Rundfunks und im HR-Orchester, sie war fünf Wochen lang mit der Band der dänisch-amerikanischen Perkussionistin Marylin Mazur unterwegs, außerdem mit dem Projekt »Oh Moscow« der englischen Fagottistin Lindsay Cooper, und schließlich leitet sie auch ihr eigenes Quartett mit John Schröder, Thomas Cremer und Manfred Bründel und gehört dem »New Clear Trio« mit Annemarie Roelofs und Johannes Krämer an. Momentan kann sie leben von ihrer Kunst.

Elvira Plenar wurde in Zagreb geboren. Ihr Vater war Amateurschlagzeuger, mit sieben Jahren erhielt sie den ersten Klavierunterricht, nahm bald an Wettbewerben teil und absolvierte Tourneen. Die Musikerlaufbahn stand früh fest. 1975 ging sie nach Graz, um weiteren Klavierunterricht zu nehmen, den sie als nicht so gut empfand, wie sie es sich eigentlich vorgestellt hatte. Damit begann die Infiltration mit dem Jazz, denn obwohl Elvira Plenar ihre klassische Ausbildung abschloß, studierte sie in der Jazz-Klasse der Grazer Hochschule für Musik und darstellende Kunst weiter: »Es reizte mich immer mehr, zu improvisieren und nicht nur die Musik anderer Komponisten nachzuspielen. Es gab heftige Diskussionen mit den Lehrern, die mich in ihren Fachbereichen halten wollten, aber mein Herz schlug letztlich stärker für den Jazz.« 1980 zog sie mit Markus Becker zunächst nach München und ein Jahr später dann nach Frankfurt.

Mit den meisten Jazzgrößen vom Main ist Elvira Plenar inzwischen aufgetreten: etwa mit Albert Mangelsdorff, Christof Lauer, Ralf Hübner, Joki Freund, Thomas Heidepriem und Alfred 23 Harth – mit ihm schrieb sie 1987 auch die Musik für das am Berliner Schillertheater aufgeführte

Stück »Der Architekt und Kaiser von Assyrien« von Fernando Arrabal.
An der Unterschiedlichkeit ihrer Mitspieler mag es liegen, daß sich die Pianistin in so vielen Stilen des modernen Jazz zu Hause fühlt. Vom Big-Band-Jazz bis zum Free Jazz kann sie alles spielen. Die fundierte musikalische Ausbildung dringt stets durch, und gern tüftelt sie an einer Verbindung zwischen der »Klassik« und dem Jazz. »Ich habe bei meiner Ausbildung ein Gefühl für Harmonik, Form und Rhythmus entwickelt. Während einer Improvisation habe ich häufig das Gefühl zu balancieren«, sagt Elvira Plenar. »Im Hintergrund steht immer die spieltechnische Routine, aber dann wage ich es, die momentanen Einflüsse durch die Mitspieler aufzunehmen und umzusetzen. Das kann schiefgehen, aber es kann auch die schönsten Momente bescheren, die sogar ekstatisch werden können.«
In solchen Augenblicken scheint es, als mache sich die Musik selbständig: »Sie bewegt meine Finger, spricht für sich. In der klassischen Musik kann man sich auch fallen lassen, aber das Spiel mit dem Ungewissen ist sehr wichtig für mich geworden. Den Zustand der Frische will ich immer behalten. Wenn ich einmal unter dem Einfluß eines Musikers stehe – und ich bin von vielen Musikern beeinflußt worden, ohne sagen zu können, wem ich mich am ähnlichsten fühle –, bemühe ich mich, das abszustreifen und aus mir selbst zu schöpfen.«
In Elvira Plenars Musik treffen die Tradition und das Neue stets aufeinander. Mo-

mentan ist sie fasziniert von afrikanischer Rhythmik, aber auch von der Kompositionsweise von Ligeti und Xenakis: »Ligetis Äußerung, es gehe ihm nicht um Klangflächen, sondern um Raumklänge, hat mir sehr gefallen. Er meint damit auch, daß man aus Musik einen Impuls bezieht, der wiederum einen Gedanken bewirkt. Ich entwickle meinen Stil aus den Impulsen heraus, die ich während des Improvisierens erfahre. Jazz und Klassik treffen sich, und jetzt suche ich nach einer Ausdrucksweise, die beidem gerecht wird.« Dies erinnert an Gunther Schullers Idee vom »Third Stream Jazz«. Aus diesen Überlegungen heraus bezieht Elvira Plenar den Synthesizer in ihr Spiel ein. Sie schätzt die klanglichen Möglichkeiten dieses Instruments und läßt sich nicht dadurch entmutigen, daß etwa Keith Jarrett den Synthesizer stets abgelehnt hat. Besonders das perkussive Element, das dieser elektronische Klangerzeuger dem Spiel hinzufügen könne, schätzt sie: »Aber der Flügel wird mir immer am wichtigsten sein.« Ihre Zukunftspläne will Elvira Plenar noch nicht verraten: »Mein wirklich eigenes Projekt kommt erst noch. Wichtig ist zumindest, immer Entdecker zu bleiben.«

Dieter Römer

AUFNAHMEN
A Classic Guide To No Man's Land, Edition No Man's Land (distributed: Recommended)
Cannaille, Intakt-Records
mit der Frankfurt Jazz Big Band:
Swinging Frankfurt – New York, 1822 Jazz Records, Vol. 3

Zauber der Beharrlichkeit: Heinz Sauer

Er ist ein Saxophonist, bei dem auch die Töne zählen, die nicht gespielt werden. Erst die strenge Auswahl aus der Fülle des Machbaren garantiert einen individuellen Ausdruck. Heinz Sauer hat die hohe Kunst des Verzichts kultiviert. »Technik, Perfektion, Styling, all das bekommt man heute doch im Überfluß vorgeführt. Man denke nur an Autos, Computer und so weiter. In Gefühlsdingen aber, in spirituellen Fragen werden die Leute nicht bedient. Diese Lücke kann der Jazz immer noch ausfüllen.«

Dabei verteidigt Heinz Sauer allerdings seine Kunstansprüche an den Jazz. Viele Musiker, die den Jazz in Schulen und Akademien »erlernen« und ihn als Vehikel zur schnellen Kommunikation benutzen, spielen nach seiner Meinung zwar hochtechnisiert, aber oft aalglatt. Dabei sind es gerade jene unberechenbaren Schwankungen, jene nicht kalkulierbaren Unschärfen, die den Jazz gegenüber einem überspannten technischen Perfektionsideal immer wieder attraktiv machen.

»Die Menschen werden wieder für die Ursprungsereignisse im Jazz, für die Grundaussagen, die Musiker hier liefern können, empfänglich. Trotz der ganzen Pop-Musik und ihrer Elektronik-Sounds.«

Der Jazz ist für Heinz Sauer kein fester Stil, sondern ein musikalisches Konzept. »Eine spontane Kompositionsart, die adhoc-Erfindungen erlaubt und Interaktion zwischen den Musikern entstehen läßt. Daher rührt auch die Beseelung dieser Musik, ihre Qualität der Expression.« Kein Wunder, daß dieser vielleicht profilierteste Saxophonist der Republik sich von der multifunktionalen Verwendung des Jazz als »Muzak« in Kaufhäusern und Supermärkten distanziert.

Wer in dieser Haltung einen konservativen Impuls wittert, irrt gewaltig. Heinz Sauer stellt sich den Herausforderungen und Hörerfahrungen avancierter Pop-Musik. Er versucht ihre Klänge und Rhythmen in sein Spiel zu integrieren, schätzt ihre aufregenden Arrangements und Kompositionen. Ob Eric Clapton mit den Dire Straits wie beim Mandela-Konzert die Funken sprühen ließ oder Sting den Jazz in Songformen zu neuem Leben erweckt, auch hier zählt für Heinz Sauer allein die atmosphärische Dichte, die Gefühlsintensität, die sich mitteilt.

Zweitklassige U-Musik ist das für ihn schon längst nicht mehr: »Sie ist oft so gut und auch so perfekt geprobt wie die Beethoven-Stücke eines Symphonieorchesters. Doch in der Rockmusik kommt dann live noch die Spontaneität dazu.«

Deshalb experimentiert er auch seit einigen Jahren mit Synthesizern und elektronischen Blasinstrumenten.

Vor einiger Zeit wagte er damit auch die öffentliche Feuerprobe.

»Man muß heute neue Sounds erfinden, um die Bedürfnisse in der Band und im Publikum zu befriedigen. Damit nicht gesagt wird, der Jazz sei ein alter Hut.«

Heinz Sauer hat jetzt endlich ein elektronisches Blasinstrument gefunden, das in bezug auf Sensibilität und Dynamik seinen hohen Ansprüchen genügt. »Es ist eigentlich ein Spielzeug für Kinder und verfügt nur über zweieinhalb Oktaven. Aber es hat einen Midi-Anschluß, ist sehr expressiv und nicht zu kompliziert.« Dies erlaubt ihm, mit dem Blasinstrument eine Reihe von Synthesizern, Sample-Computern und Rhythmus-Maschinen anzusteuern.

Akkordfolgen, Baßkombinationen, ja ganze Chorusse lassen sich so abrufen und modifizieren. Vor allem die harmonischen Möglichkeiten, die sich so für einen Bläser ergeben, faszinieren Heinz Sauer.

Das Piano – er spielt es fast wie ein Profi – hat für ihn vor allem eine harmonische Kontrapunktrolle. »Ich bin ein Mensch, der gerade nach dem freien Jazz, wie wir ihn im Albert Mangelsdorff-Quartett erprobt haben, noch immer ein harmonisches Leck auszufüllen hat. Denn ich glaube, daß man seine musikalische Sozialisation, die Harmonik der europäischen Musik nicht einfach über Bord werfen kann.«

Heinz Sauers musikalische Biographie wurde anfänglich stark durch typisch abendländische Hörerfahrungen geprägt. »Mit etwa zehn Jahren haben mich Märsche besonders fasziniert. Ich bin immer um das Grammophon meines Vaters herummarschiert. Zwar bekam ich dann später Klavierunterricht, doch mit Beethoven hatte ich wenig am Hut. Als ich dann nach dem Krieg die ersten Neger sah, die auf uns Jugendliche überhaupt nicht abschreckend wirkten – sie schenkten uns Schokolade –, war der Bann gebrochen. Die Musik der ausgehenden Swing-Ära, die Anfänge des Be Bop – darauf fuhren wir damals ab. Ich war hochaufgeschossen, voll von Komplexen und reagierte mich zunächst mit Boogie Woogie ab. Dann kam Lennie Tristano – in unserem Haus erklang damals viel Barockmusik –, Charlie Parker und später John Coltrane.«

Heinz Sauer, der 1932 in Merseburg geboren wurde, versuchte zuerst den flötenartigen Sound eines Lee Konitz auf dem Altsaxophon zu imitieren. Doch da sein Ton immer in die oberen Oktaven drängte und fiebsig klang, kaufte er sich zur Kompensation ein Baritonsaxophon. Das aber brauchte zuviel Luft und war zu unbeweglich. Also einen Schritt höher zum Tenor. Hier war es vor allem John Coltrane mit seinem Verzicht auf konventionelle Themen zugunsten von Skalen und rhythmischen Strukturen, der Heinz Sauer faszinierte. Schon in den freien Exkursionen an der Seite von Albert Mangelsdorff Ende der sechziger Jahre verwirklichte Heinz Sauer mit seltener Energie und Expressivität seine Auffassung vom Instrument. »Das Tenor hat nur einen geringen Eigenklang und der ist normalerweise gräßlich. Es läßt sich deshalb aber individuell am stärksten formen. Man kann auf dem Tenor emotionale Grenzsituationen erreichen, die nur aus dem Moment heraus leben und dem Spieler folgen.«

Mit seinem rauhen, ein wenig heiseren Ton, mit seiner sprachähnlichen Phrasierung und den harmonischen Spannungsbögen gelang Heinz Sauer vor neun Jahren mit dem Pianisten Bob Degen eine zeitgemäße Reformulierung alter Ellington-Titel. Sein angeschärfter Tenorsound entledigte sich im Verlauf der behutsamen Interpretationen aller falschen Sentimentalitäten und legte die überzeitliche Struktur der Stücke bloß.

Angeregt zu dieser Traditionsverarbeitung wurde Sauer zwei Jahre zuvor durch seine Begegnung mit den Saxophonisten Archie Shepp und George Adams. Ihre Tenor-Sax-Battle gilt noch immer als ein Glanzlicht in der Geschichte des Deutschen Jazzfestivals, in Frankfurt. Seitdem ist Sauers Spiel beständig gereift. Die kehlige, knurrige Klangfärbung, die kalkulierten Synthesen aus kreischenden Kürzeln und harmonischen Rundungen, all das ist Resultat einer Konzentration auf das Wesentliche des Ausdrucks.

Dokumentierte schon sein Album »Mental Blossoms«, wie waghalsig und zugleich diszipliniert er sich in den musikalischen Grenzbereichen von Schreien, Stöhnen und Seufzern bewegt, so beweist eine Live-Aufnahme von Heinz Sauers Quartett aus dem Frankfurter Jazzkeller, daß Jazz-Standards aktueller denn je sein können. Der hellsichtige Zugriff, die Aufrichtigkeit der Interpretation sind hier einmal mehr entscheidend.

»Man muß sich im Jazz selbst spielen«, bekennt Heinz Sauer heute. Ehrlichkeit

gilt ihm als wichtigste Maxime seiner Kunst. »Denk an den Free Jazz, der wirkte wie ein Befreiungsschlag, denn da wurden Töne gespielt, die auch so gedacht wurden, wenn sie auch im musiktheoretischen Sinn falsch waren.«

Peter Kemper

AUFNAHMEN
unter eigenem Namen:
Isolation Row, MRC Electrola 1 C 066 45423
Ellingtonia Revisited!, LR 40007
Metal Blossoms, LR 40019
Cherry Bat, enja 50831 (CD 50832)
Blues After Sunrise, LR 40017
mit der Barrelhouse Jazzband, dem Michael Sell Trio mit Heinz Sauer:
Hot And Free, H + F Productions 1 (MISP 503)
mit Albert Mangelsdorff:
Tension, LR 41001 (identisch mit CBS Sony SONP 50278)
Now Jazz Ramwong, CBS 62398
Folk mond & Flower Dream, CBS S 63162
Live in Toyo, enja 2006 (auch als TBM-5)
Never Let It End, MPS 15274
Birds of Underground, MPS/BASF 2121746-9
Colin Wilkie/Shirley Hart/Albert Mangelsdorff/Joki Freund: Wild Goose, MPS 15229
mit Volker Kriegel:
Inside: Missing Link, MPS/BASF 3321431
mit Makaya Ntshoko:
Makaya And The Tsotsis, enja 2042
mit dem Terumasa Hino Quartett:
Vibrations, enja 2010
mit Ralf Hübners »Voices«:
Rediscover The Beautiful, Mood 22777
Für Wilhelm E., Trion 3105
auf den Sammelplatten:
Born free – The 12. German Jazz Festival (mit Festival Big Band, dem Albert Mangelsdorff Quartett und dem European Free Jazz Orchestra des Art Ensemble of Chicago), Scout ScS 11
The German All Stars Live At The Domicile, MPS/BASF 3321279-3
The German All Stars in Südamerika, CBS S 66217
City Jazz – Frankfurt-Main Streams (mit dem Frankfurt Jazz Ensemble, dem Albert Mangelsdorff Quartett und der Gruppe »Voices«), Telefunken 628341
Gittin' To Know Y'All, The Baden-Baden free Jazz Orchestra Conducted By Lester Bowie, MPS 15269
Internationales New Jazz Meeting auf Burg Altena (mit dem Albert Mangelsdorff Quartett), JG 21/22
2. Internationales New Jazz Meeting auf Burg Altena (mit dem Albert Mangelsdorff Quartett & Trio), JG 027/28

»Die Seele spielen«: Ralf Hübner

Jeder Schlagzeuger ist eine Band. Wen braucht er schon noch, wenn er allein mit Händen und Füßen vierstimmige Sätze schlagen und dabei noch ein Quartett dirigieren kann? Diese Partiturgewalt verführt zum Mißbrauch: es gibt wenige gute Schlagzeuger. Ralf Hübner ist einer von ihnen.

Er ist unverkennbar. Wer ihn einmal kannte, erkennt ihn jedesmal. Allenfalls drei, vier Takte braucht es auf Platten, bis der Schlagzeuger Ralf Hübner so deutlich Profil gewinnt wie ein Foto im Fixierbad. Nicht mehr als zehn bis zwanzig Takte mag es dauern, um die Handschrift des Komponisten Ralf Hübner zu lesen wie einen Fingerabdruck. Er spielt in Anspielungen, flackernden Pulsen, weitgestreckten Flächen. Der Begriff Klangteppich wäre zu flach, Klangnetze kommen der Sache näher, sie umgeben und überspannen alles.

Unnachgiebige Ästheten der reinen Schlagzeuglehre sagen, Ralf Hübner behaupte seine Kunst allzu steif und fest. Selbst manche seiner Bewunderer meinen, man könne bei einem Hübner-Auftritt beide Augen zudrücken, ohne daß seine Musik an Anmut verliere. Ihn stört das nicht. Ralf Hübner denkt nicht an sich, er denkt an alles: an Klang und Rhythmus, an Melodien und Harmoniefolgen, an alles eben. Wer mit Hübner spielt, wird keine Drum-Soli erleben, deren Technikschau ihn staunen macht. Hübner bietet seinen Kollegen etwas anderes, Selteneres: wer mit ihm spielt, dem wird nie mitgespielt, noch wird er allein gelassen. Hübner liegt an etwas, das sich unter Jazzmusikern nicht von selbst versteht: nämlich wenigstens Musik zu machen, wenn sie schon Töne produzieren. Er nennt es »die Seele spielen«.

Es stimmt schon und muß doch nichts heißen: Ralf Hübners Anspielungen werden nicht von jedem verstanden, gleich ob auf oder vor der Bühne. Sein kantiger Freistil ist eine Schule der Weitläufigkeit, die anderen viel eigene Orientierung abverlangt. Ralf Hübner ist ein beiläufiger, kein zwangsläufiger Schlagzeuger. Ebensogut könnte er Pianist oder Bläser sein, und beides wäre er heute manchmal lieber. »Dem Schlagzeuger geht es wie dem Fußballtorwart: er ist schuld, wenn etwas schiefgeht. Wenn es gut lief, waren es die anderen.«

Weil das so ist und weil er das nicht ändern kann, ist Hübner ein eigenwilliger Komponist und Maler geworden. Ohne viel Aufhebens läuft das seit Jahrzehnten zusammen und nebenher: melancholisch und wunderschön färbend in seinen Stücken, bizarr und buntschillernd in seinen Bildern.

»Leben ist auch noch etwas anderes als Üben und Spielen.« Eigentlich habe er sein Leben lang gefaulenzt, wenn auch meistens gegen respektable Bezahlung. Das Schlagzeug lagert verpackt im Keller, rund um die Uhr in Bereitschaft sind seine Skizzenblöcke und die elektronischen Kompositionshilfen: Drumcomputer und Synthesizer. Die monomanen Musiker konnte er nie begreifen, und denen ging es mit ihm genauso.

Seit über zwanzig Jahren einsiedelt er in derselben Wohnung in der Innenstadt. Ebenso lange malt er ernsthaft, gegenständlich mit deutlichen Symbolen des Surrealismus. Der Gegensatz zu seinem Schlagzeugspiel, das im Unkonkreten, Subrealen schwebt, könnte kaum drastischer sein. Früher rangen drei Katzen mit Ralf Hübner um die Herrschaft in der Wohnung, heute ist nur noch die dreizehnjährige Jay Cee übrig. Die anderen sind in Öl unsterblich, ein Gruppenbild zeigt alle fünf, in Trauer, Zärtlichkeit und Selbstironie.

Hübners malerische Phantasien changieren zwischen Surrealismus und Katzenkunde, Jazz und Science-fiction. Gil Evans taucht auf, Miles Davis, auch Albert Mangelsdorff. Fast alle Bilder sind noch unfertig. Die Hände seiner Freundin sind immer wunderschön zartgliedrig, während er sich, den melancholischen Mann mit dem Kinnbart, auch einmal mit zugenähtem Gesicht porträtiert. Immer sind Menschen im Spiel, oft spielt er mit ihnen. Am 3. April 1989 wurde er fünfzig.

Hübner lebt ganz angenehm, nicht aufwendig. In der Reihenfolge der Profite und Verläßlichkeit kommen die Einkünfte von: Rundfunk, GVL- und Gema-Tantiemen, Tourneen des Goethe-Institutes und Konzerten.

Ralf Hübner mag es nicht sonderlich, wenn man die alten Geschichten aufwärmt. Wenn immer wieder lang und breit von seinen zehn Jahren in Albert Mangelsdorffs legendärer Gruppe (bis 1969 als Quintett, dann im Quartett) die Rede ist. Und wie das denn war, als er 1962 mit einem Koffer und seinem Schlagzeug in der Jazzmetropole Frankfurt ankam und einfach dablieb ... und warum es nur zwei wichtige Bands gab damals, die von Albert und jene von Klaus Doldinger ... und immer so weiter.

Natürlich hat er nach 1972 in allen möglichen Gruppen weitergemacht, mit »Voices«, mit Heinz Sauer, Manfred Schoof, Jasper van't Hoff, Jan Garbarek und den meisten anderen wichtigen europäischen Musikern. Gewiß hat er immer mehr komponiert, oft bezaubernd elegische Stücke, hat auf etlichen Platten mitgespielt und seit Jahrzehnten bei Aberhunderten von Studiosessions im Jazzensemble des HR. Er hat immer mehr Einfluß genommen auf seine Musik und zwei vorzügliche Platten unter eigenem Namen herausgebracht, die letzte 1986 mit Rainer Brüninghaus, Christof Lauer und Thomas Heidepriem nannte er »Perlboot«. Aber sein legendärer Ruf als einer der besten Schlagzeuger des deutschen Jazz wurde nun einmal in den sechziger Jahren begründet.

Hübner fühlt sich heute desto uninspirierter, je konkreter die Anforderungen an sein Spiel sind. Er hat meisterlich gelernt, alles aus dem Nichts entstehen zu lassen. Aus dem vollen das Konkrete zu schöpfen, etwa geradlinige Bigband-Arrangements zu schlagen, fällt ihm um so schwerer. Andererseits kennt Hübner die Angst des Schlagzeugers bei der Ballade nicht, jenes ruinöse lähmende Verschleppen eines langsamen Tempos. Sein Timing ist unerschütterlich, sein Vom-Blatt-Spiel makellos. Harmonisch wie rhythmisch macht ihm keiner etwas vor. »Wer interessiert sich schon für das, was ich mache?« Das klingt bitter und ist auch bitter gemeint. »Was ich heute an der Musik vermisse, ist ein Kollektivgefühl. Fünf Leute, die alle dieselbe Musik mögen und dasselbe Bier teilen. Heute trinken sie alle Wasser, glauben an Karriere statt an Musik, jeder kämpft für sich allein und letztlich gegen den anderen«. Die Zeiten, als die Musiker von Albert Mangelsdorffs Gruppe gemeinsam an Ostermärschen teilnahmen, sind vorbei. Wie lange noch?

Uwe Schmitt

AUFNAHMEN
unter eigenem Namen und mit der eigenen Gruppe »Voices«:
- Rediscover The Beautiful, Mood 22777
- Für Wilhelm E., Trion 3105
- Courage For The Past, Trion 3211
- Perlboot, LR 40023

mit Albert Mangelsdorff:
- Tension, CBS 62336 (LR 41001)
- Now Jazz Ramwong, CBS 62398
- Folk Mond & Flower Dream, CBS 63162
- Live in Tokyo, enja 2006 (auch als TBM-5)
- Never Let It End, MPS 15274

mit Volker Kriegel:
- Journal, Mood 25000
- House-Boat, MPS 68206

mit Eberhard Weber:
- The Colours Of Chloe, ECM 1042
- Chorus, ECM 1288

mit Manfred Schoof Quintet:
- Scales, Japo 60013
- Light Lines, Japo 60019
- Horizons, Japo 60030

mit Colin Wilkie/Shirley Hart/Albert Mangelsdorff/Joki Freund:
- Wild Goose, MPS 15299 (auch als MPS 2120697)

mit den German All Stars:
- Live At The Domicile, MPS/BASF 3321279
- The German All Stars in Südamerika, CBS S 66217

mit Gunther Schuller:
- Jazz At The Opera, Electrola SHZE 802 BL

mit Christoph Spendel:
- September Memories, MPS 813962-1 ME

mit Michel Pilz:
- One Year – Afternoon & Evening, FMP 0720

auf dem Sampler:
- City Jazz – Frankfurt-Main Streams, Telefunken 628341
- Internationales New Jazz Meeting auf Burg Altena (mit Albert Mangelsdorff Quartett), JG 21/22
- 2. Internationales New Jazz Meeting auf Burg Altena (mit Albert Mangelsdorff Quartett & Trio), JG 027/28

Utopie und Risiko: Alfred 23 Harth

Für ihn ist das Tenorsaxophon ein humanes und unverhohlen erotisches Instrument. Die Nähe zur Stimme, die Tongebung durch den menschlichen Atem, die verführerische Eleganz des Korpus – Alfred 23 Harth sieht im Saxophon einen lebendigen Archetypus. Denn man kann ihn mit all seinen Fingern umgreifen, man kann ihn kneten, streicheln – das Mundstück im Mund reagiert auf Bisse und Küsse. Das Saxophon gilt diesem Frankfurter Musiker als Quelle und beständige Herausforderung seiner Kreativität. »Wenn ich mental gut gepolt bin, dann öffnen sich mir im Spiel winzige Nischen, in denen ganz seltene Klangblüten entstehen, scharfe, stechende, schneidende Gebilde. Ich bin überhaupt der Meinung, daß es heute auf dem Saxophon weniger um Skalen und Patterns geht, als vielmehr um eine erweiterte Spiritualität. Nach dem Informations-Zeitalter werden wir in ein Bewußtseins-Zeitalter eintauchen.«
Diese Sätze deuten schon an, daß sich hinter Alfred 23 Harths Musikauffassung eine Weltanschauung verbirgt, die man mit dem Stichwort »New Age« charakterisieren könnte, wäre dieser Begriff nicht mittlerweile durch Mode und Kommerz vollständig inflationiert. Ganz so einfach ist es auch nicht: »Ich bin durchaus ein Anhänger der Moderne und ihrer Prinzipien. Trotzdem glaube ich, was in der künstlerischen Moderne einmal esoterisch war, ist heute exoterisch geworden.« Alfred 23 Harth hofft daher auf eine Art »planetarische Vernetzung geistiger Zentren«. Durch seine Musik will er an einer »Massage des Globus« mitwirken, will die Rotationsbewegungen geistiger Zentren, die sich nach seiner Meinung überall in der Gesellschaft bilden, beschleunigen.
Was wie eine krude Privatphilosophie erscheinen könnte, entpuppt sich während eines Gesprächs im Garten seines Ginnheimer Hauses als realistische Lebenspraxis. Gerade baut er sein Haus zu einer Art »Kultstätte« um. In Verbindung mit einer Galerie für bildende Kunst soll es zu einem öffentlichen Raum werden, soll Künstlern und Kunstinteressierten offenstehen, um im Schutzraum individueller Freiheit neue Lebensutopien zu erproben. »Warum soll man heute nur noch seine Angst, sein ›no future!‹ rausschreien? Ich möchte als Musiker auch das Optimistische, das Hoffnungsfrohe und Helle unterstützen.«
Es scheint, als hätte die Trendwende auch diesen einstmals politisch-radikalen Künstler nicht verschont. Dabei steht seine Entwicklung seit Mitte der siebziger Jahre durchaus für den aufgeklärten Anspruch, in ständiger Auseinandersetzung mit dem Zeitgeist, mit den gesellschaftlichen Stimmungslagen, die eigene Identität auf die Probe zu stellen.
Als sich 1977 in Frankfurt das »Sog. Linksradikale Blasorchester« formierte, benutzte Alfred Harth (damals noch ohne die magische 23) sein Saxophon zu allererst als Megaphon. Ob bei den zahlreichen Demos oder beim »Rock Gegen Rechts«-Festival – Programmusik zwischen Eisler und Nino Rota war angebracht, um die »Verhältnisse zum Tanzen zu bringen«. Der aufrührerische Impetus des Free Jazz, den Alfred Harth schon zuvor verinnerlicht hatte, sorgte für die nötige Schubkraft.
Parallel zu diesem kollektiven Experiment entstand das Duo Heiner Goebbels/Alfred Harth. Eine Art musikalische Seelenverwandtschaft, die allen Anfechtungen zum Trotz fortdauerte. Dabei ist es gerade die produktive Reibung zwischen zwei unterschiedlichen musikalischen Charakteren, die hier für Unbe-

rechenbarkeit und Spannung sorgt: Während Heiner Goebbels mit Tasteninstrumenten und diversen Geräuscherzeugern eher strukturell arbeitet und konzeptionelle Impulse gibt, lädt Alfred Harth die »Komprovisationen« mit seiner Jazzgeschichte und rebellierenden Melodien auf. Die beiden zählten in der Folgezeit auch zu den Gründungsmitgliedern der No Wave-Formation »Cassiber«. In brodelnden Collagen aus Punk, Dada, Rock, Jazz und Neuer Musik inszenierte dieses Quartett die Verstörungen und Verheißungen der beginnenden achtziger Jahre. Bereits ein Vorschein postmoderner Spielkultur kündigte sich hier an.

Nach seinem Ausscheiden aus der Gruppe – die musikalische Zielrichtung war nicht länger konsensfähig – erprobte Alfred Harth die eigene Imaginationskraft. »Reklame der Wirklichkeit« nannte er ein Noctett, das neben ironischer Tanzbarkeit verschiedene Jazz-Standards einer Belastungsprobe unterzog. Sein Saxophonspiel reifte langsam aber stetig, der Ton gewann an Volumen, seine Artikulation konnte jetzt Momente elegischer Versunkenheit mit schmerzlichen Schreien versöhnen.

Alfred 23 Harth wurde zu einem Vorkämpfer stilistischer Vielfalt, der keinem Einzelstil mehr das alleinige Recht auf Fortschritt zugestehen möchte. Ob er mit der englischen Fagottistin Lindsay Cooper zu einer »Konferenz der Tiere« aufruft – Vogelstimmen bevorzugt – oder mit dem amerikanischen Altsax-Irrwisch John Zorn ein »Atom-Sex-Kino« eröffnet, immer wird Risikobereitschaft zu einem Qualitätsmerkmal. »Gestalt et Jive«, eine dreisprachige Free-Punk-Band, befriedigte nur eine zeitlang Alfred Harths Suchbedürfnis; in Saxophonschlachten mit dem bundesdeutschen Free-Jazz-Dinosaurier Peter Brötzmann oder im Nahkampf mit den Klangsplitterbomben des amerikanischen Gitarristen Sonny Sharrock schärfte er seine Reaktionsfähigkeit. Dazwischen immer wieder kurzlebige Projekte als Versuchsstationen: Eine nachdenkliche Nachtwanderung mit dem Pianisten Paul Bley, eine melancholische Theatermusik mit Bleys Tastenkollegen Bob Degen. Alfred Harth – ein Musiker für alle Fälle? Nur für solche, die Widerhaken und Wunder versprechen.

Die waren in seiner letzten Grenzmusik-Vision »Vladimir Estragon« vorprogrammiert. Benannt nach den beiden Dialogpartnern in Becketts »Warten auf Godot« bildete die Gruppe ein Gesprächsforum für so unterschiedliche Charaktere wie den Schlagwerker FM Einheit von den »Einstürzenden Neubauten«, den waghalsigen Vokalisten Phil Minton, die Berliner Pianistin Ulrike Haage und Alfred 23 Harth. Der bekannte über seine Beziehung zu Beckett: »Ich habe das Stück zu Pennäler-Zeiten mal regelrecht ausgelebt. Beckett hatte für mich eine ganz existentielle Bedeutung.« Auskomponierte Strukturen lassen im Gruppen-Konzept nur noch wenig Spielraum für improvisatorischen Überschwang. Reduzierter Heavy-Metal-Minimalismus sichert das filigrane Melodiegeflecht.

Für Alfred 23 Harth ist der Weg in der Musik noch immer wichtiger als das Ziel. »Man muß sich halt Zeit lassen für seine Entwicklung. Doch viele wollen das heute nicht mehr. Kein Wunder, denn die Technologie führt uns immer höhere Geschwindigkeiten vor und denen versucht man dann nachzueifern.«

Peter Kemper

AUFNAHMEN
unter eigenem Namen:
- 4. Januar 1970, Record Tone 2, RS 3000 (Eigenvertrieb)
- Just Music, ECM 1002
- Es herrscht Uhu im Land, Japo 60037
- Red Art, CW 1004
- Anything Goes, CW 1005
- Gestalt Et Jive, Moers Music 02038
- Gestalt Et Jive, CW 1006/7
- Alfred 23 Harth/John Zorn/Lindsay Cooper, Plan Eden, CW 1008
- Alfred Harth/Bob Degen, Melchior, Bi 6240
- Alfred 23 Harth/Peter Brötzmann, Go-No-Go, FMP 1150
- This Earth!, ECM 1264

mit Heiner Goebbels:
- Hommage/Vier Fäuste für Hanns Eisler, SAJ-08
- Vom Sprengen des Gartens, SAJ-20
- Frankfurt-Peking, riskant 4011
- Indianer für morgen, riskant 4001
- Bertolt Brecht, Zeit wird knapp, 2001, Best. Nr. 28022
- Live at Victoriaville, VICTO 04

mit der Gruppe »Cassiber«:

The Beauty And The Beast, riskant 4010

Man Or Monkey, riskant 628624

weitere Aufnahmen:

World Music Meeting, ES 2024

Das Saxophonorchester Frankfurt, Live, SAJ-40

Vladimir Estragon, Three Quarks For Muster Mark, Tiptoe 807803

E.M.T., Canadian Cup of Coffee, SAJ-02

Rolf Riehm, Machandelboom, riskant 4007

mit dem Sogenannten Linksradikalen Blasorchester:

Sogenanntes Linksradikales Blasorchester, Trikont US 36

Sog. Linksradikales Blasorchester, Mit gelben Birnen, Trikont US 0063

auf dem Sampler:

Born Free – The 12. German Jazz Festival (mit »Just Music« und dem European Free Jazz Orchestra des Art Ensemble of Chicago), Scout ScS 11

ferner:

Duck & Cover, The Ré Records Quarterly Vol. 1 Nr. 2, Ré 0102

Buchveröffentlichung:

23. Hexagramm: Die Zersplitterung – Konzertstationen eines Jahres, Bilder, Zeichnungen, Objekte von Alfred 23 Harth und zwei Texten von Juergen Abi Schmitt-Rosenthal und Hubertus Gassner, Hofheim 1989 (Wolke Verlag, mit Single-Beilage)

Feines Handwerk: Conny Jackel

Die (für manche) ewig irritierende Außenseiterrolle des Jazz hat natürlich auch etwas mit den exzentrischen Bildungsgängen seiner Spieler zu tun. Unendliche Legenden ranken sich um die Selfmade-Musiker, die nie Zugang zu Pädagogen und Hochschulen hatten, sondern ihren Unterricht von dilettantischen Onkeln, der Straße und der Kneipe bekamen. Das Unkonventionelle hat so schon wieder seine eigene Typenhaftigkeit erzeugt. In dieser Szene »subkultureller« Lebensläufe darf der Offenbacher Trompeter Conny Jackel einen Ehrenplatz beanspruchen. Schon deshalb, weil seine Kindheit wenig Romantisch-(V)Erklärendes für den späteren Musikerberuf hergibt.

Zwar liest es sich gut, daß der 1931 geborene Jackel aus einfachen Verhältnissen kam, aber wunderlich ist es, daß er sich erst mit neunzehn für die Musik zu interessieren begann. Bis dahin hatte er zwei Lehren als Stahlbaumonteur und Polsterer und Tapezierer abgeschlossen und in diesen Berufen auch gearbeitet. Die End- und Nachkriegszeiten waren hart, und der dreizehnjährige Schulabgänger mußte möglichst schnell zum Familieneinkommen beitragen.

Mit neunzehn also fand er im Abfallkasten eine Trompete und begann, ein bißchen damit herumzuprobieren. Nach drei Monaten spielte er schon in einer Kapelle, und nach einem halben Jahr drängte es ihn dann doch zu einem Lehrer. Professor Marlik vom Opernhausorchester betreute das hoffnungsvolle Talent ein Jahr lang. Das war dann aber auch schon alles an normalem Unterricht. Das weitere übernahmen Armstrong-Platten und Kontakte zum Frankfurter Kreis um Carlo Bohländer. Dessen Musiker akzeptierten den Youngster bei ihren Sessions im damaligen Jazzkeller im Goethe-Café und nahmen ihm auch nicht weiter übel, daß er den Standard »I can't get started« in C geübt hatte, während sie ihn in Des spielten.

1955 fiel kurz vor einem Frankfurter Jazzfestival der Trompeter der Helmut-Brandt-Combo aus. Jackel ersetzte ihn, und damit begann sein Prominentendasein auf der deutschen Jazzszene. Besonders Frankfurt war damals voller quirliger Aktivitäten. Das jährlich stattfindende Festival und der Jazzkeller waren die Zentren des bundesrepublikanischen Jazzlebens, in denen junge Talente und Swing-Veteranen in stets wechselnden Kombinationen Antworten auf die amerikanischen Herausforderungen formulierten.

Der Cool Jazz war damals die letzte Entwicklungsstufe, und so aktuell war man in Frankfurt, daß man darüber den für die Jazzgeschichte weit bedeutsameren und auch haltbareren Bebop weitgehend vergaß. Während die Mangelsdorffs sich an den Lennie-Tristano-Ensembles orientierten, war für Brandt das Quartett von Chet Baker und Gerry Mulligan das Vorbild. Für einen Baritonsaxophonisten wie Brandt ging kein Weg an Mulligan vorbei, und der junge, scheinbar problemlos strahlende Held Baker konnte keinen Trompeter unberührt lassen.

1959 ging Jackel zum Harald-Banter-Ensemble nach Köln. Auch hier spielten Arrangements aus dem Geist abendländischer Kompositionstechnik die Hauptrolle. 1961 begann Jackels bis heute andauernde Big-Band-Karriere. Er ging zum Orchester Erwin Lehn, das er 1967 in Richtung Frankfurt verließ, wo er lange Jahre Gastspiele beim Jazzensemble des Hessischen Rundfunks gab und dabei alte Freundschaften mit Joki Freund und den Mangelsdorffs auffrischte, noch heute einer der Starsolisten der HR-Big

Band ist und mit seiner eigenen Combo deutsche Pop-Musik in Swing-Arrangements kleidet.
Conny Jackel bezeichnet sich selbst als Softie, was soviel heißt, daß er kein Gipfelstürmer und Bullentrompeter etwa von der Art eines Marvin Hannibal Peterson ist. Sein Metier ist das feine Handwerk mit Glanzlichtern im Weichzeichner, der gebremste und kontrollierte Strahl. Unter seinen Lieblingstrompetern sind so unterschiedliche Temperamente wie Charlie Chavers, Louis Armstrong, natürlich Chet Baker, Buck Clayton und Miles Davis. Sein absoluter Favorit aber ist Clark Terry, und das ist insofern bezeichnend, als der ehemalige Ellington-Gefolgsmann weder ein reiner Swing-Trompeter noch ein klassischer Bebopper ist. Zwischen Swing und Bebop ist Jackel heute anzusiedeln, jedenfalls mit einem Drang zur Tradition, zu gutem Entertainment und in die Füße gehenden Rhythmen.
Jackel hat im Raum Frankfurt, besonders in Offenbach, so ein bißchen die Popularität eines Volksschauspielers. Mit der Prominentenfußballmannschaft des Hessischen Rundfunks hat er über eine Million für Behinderte erspielt. Die Ehrenmitgliedschaften und karitativen Aktivitäten sind kaum mehr zu zählen. Karriere als Spaß und Verpflichtung – das ist Conny Jackel. Man darf annehmen, daß ihm die Glücksgefühle noch lange treu bleiben.

Ulrich Olshausen

AUFNAHMEN
unter eigenem Namen:
Helmut Brandt/Conny Jackel, Tip Tiop, Merco-Bronco-Records MBR 77006
Helmut Brandt/Conny Jackel, Swing Home, Merco-Bronco-Redords MBR 77007
Helmut Brandt/Conny Jackel/Louis Freichel, Strip Strap, Merco-Bronco-Records MBR 77004
mit der Main Stream Power Band:
Swing Is Here, MWM Records Stereo 001
Holiday For Swing, MWM Records Stereo 006
mit Erwin Lehn und dem Tanzorchester des Südwestfunks:
Made In Germany, SABA
mit Charly Antolini Drum Beat:
Charly Antolini Drum Beat, SABA
mit den Frankfurt Swing All Stars:
Can't We Be Friends, Joke Records JLP 219
Jive At Five, LR 40025
Swinging Frankfurt-New York, 1822 Jazz Records, Vol. 3
mit den Deutschen All Stars:
Die Deutschen All Stars, Columbia 83418
auf den Sammelplatten:
City-Jazz Frankfurt-Main Streams (mit den Frankfurt All Stars), Telefunken 628341
Born Free – The 12. German Jazz Festival (mit Festival Big Band) Scout ScS 11
Hans Koller & Wolfgang Dauner, Free Sound & Super Brass, MPS 227952 (Metronome 69109)

Dreistimmig auf einer Posaune: Albert Mangelsdorff

Albert Mangelsdorff gilt als »bester Posaunist der Welt«. Er ist es nicht. Das weiß er selbst. So wie kein Posaunist der beste der Welt sein kann. Superlative solcher Art sind unmusikalisch.
Aber eines ist sicher: einen stärker mit Frankfurt assoziierten Jazz-Kosmopoliten als ihn gibt es nicht. Wenn etwa in amerikanischen Musikerkreisen das Stichwort Frankfurt fällt, dann denkt man entweder an eine Würstchensorte oder eben an Albert Mangelsdorff. Ob in Süd- oder Nordamerika, in der Sowjetunion, in Japan, Afrika oder Europa: Der »Botschafter des deutschen Jazz« hat für den musischen Ruf Frankfurts und des ganzen Landes mehr bewirkt als so manche aufwendige Aktivität des Goethe-Instituts. Selbst diese Organisation hat den Posaunisten dann zur musikalischen Mission nach Südamerika geschickt.
Albert Mangelsdorff trug maßgeblich dazu bei, daß Frankfurt – zumindest in den sechziger Jahren – so etwas wie ein europäisches Jazz-Zentrum wurde. In dumpfen Lokalpatriotismus ist Albert Mangelsdorff bei all seinen Aktivitäten jedoch nie verfallen. Als er 1964 auf einer Asien-Tournee des Albert Mangelsdorff-Quintetts gefragt wurde, ob er einen genuinen deutschen Jazz-Stil entwickelt habe, soll er gesagt haben: »Wissen Sie, es kommt weniger auf die Nationalität als auf die Individualität an.«
Eine musikalische Persönlichkeit als Posaunist entwickelte der 1928 in Praunheim geborene Sohn eines Buchbinders auf Umwegen. Familiär vorbelastet durch drei geigende Onkel (einer davon war Konzertmeister) und den Saxophon spielenden Bruder Emil, lernt Albert zunächst Violine. Der Krieg verhindert eine Aufnahme ins Konservatorium. Nach 1945 hat er sich für den Jazz entschieden, beginnt allerdings zunächst als Gitarrist. Irgendwann gewinnt dann seine heimliche Affinität zur Posaune die Oberhand. »Das Instrument reizte mich von Anfang an, ich glaube, weil sein Ton so sehr der menschlichen Stimme ähnelt«, sagt er. Zunächst nimmt er bei Fritz Stähr, dem ersten Posaunisten der Frankfurter Oper, Unterricht. Die entsprechende Jazz-Patina bekommt er dann ab 1952 in Carlo Bohländers »Domicile du jazz« bei endlosen Jam Sessions, an denen immer wieder auch amerikanische Kollegen teilnehmen. Schon 1958 wird Mangelsdorff zum All Star Festival ins amerikanische Newport eingeladen und – eine nicht minder große Ehre – beim Hessischen Rundfunkt zum Leiter des Jazz Ensembles ernannt.
Stilistisch zeigt er seit je einen trotzigen Eigenwillen. Während die modische Mehrheit Dixieland spielte, widmete er sich dem Cool Jazz, und als in den sechziger Jahren der Free Jazz oft mehr aus Lust an der Geste als aus Spaß an der Musik sämtliche komponierbaren Formen als reaktionär verdammte, hielt Mangelsdorff – bei aller Freiheit des Spiels – an gerüstartigen Strukturen fest. Dieses musikästhetische Verhalten ist symptomatisch: Mangelsdorff, der Widerspenstige, wollte nie zu jenen Konservativen zählen, die nur deshalb zufällig als progressiv gelten, weil sie den jeweiligen Zeitgeist-Aposteln nach dem Mund reden oder spielen. Mangelsdorff teilt nicht die äußerlichen Attitüden und Allüren musikalischer Weltveränderer. Aber er ist einer.
Sein wohl berühmtestes Stil-Ingrediens, die Dreistimmigkeit auf der Posaune, entwickelt Albert Mangelsdorff erst Ende der sechziger Jahre. Die Öffentlichkeit hat er damit angeblich zum ersten Mal anläßlich der Olympischen Spiele 1972 ver-

blüfft. Das – einer uralten Hornisten-Technik entlehnte – Prinzip klingt einfach: Zu einem geblasenen Ton summt er gleichzeitig einen zweiten hinzu, wodurch bei manchen Intervallen ein zusätzlicher Oberton und damit ein dreistimmiger Akkord erklingt.

Der irritierende, entrückte Klang grenzt an Hexerei. Und doch: Das Publikum mag noch so euphorisch sein – zum Posaunen-Paganini fehlt dem unprätentiösen Charakter entschieden das Zeug. Auf die magische Technik angesprochen, reagiert Mangelsdorff betont prosaisch, ohne zu verheimlichen, welche beharrliche Arbeit hinter diesem scheinbar hingehauchten Effekt steht: »Ich muß täglich eine bestimmte Zeit daran arbeiten. Meine Stimme muß sich mit dieser Spielweise entwickeln, damit ich gewisse Dinge ausführen kann. Ich kann nicht sagen, daß ich mit allergrößter Begeisterung übe, aber es gehört zu diesem Beruf.«

An Ehrungen ist in diesem Musikerleben kein Mangel. Früher von englischen und amerikanischen Musikmagazinen durch Meinungsumfrage zum »besten Posaunisten« oder »Musiker des Jahres« gekürt, könnte er sich mittlerweile diverser Schallplattenpreise des »Hessischen Kulturpreises«, des »Frankfurter Musikpreises« und sogar eines Bundesverdienstkreuzes rühmen. Allein: Er tut es nicht, geht statt dessen in aller Unauffälligkeit seiner täglichen Arbeit nach. Obwohl mittlerweile über sechzig, zeigt er von Müdigkeit oder Abgeklärtheit keine Spur. Er spielt nach wie vor oft, überall da, wo man ihn hören will. Sich rar zu machen, um die eigene Star-Aura zu pflegen, das liegt ihm nicht.

Dem mißlaunigen Pessimismus bezüglich der Jazz-Zukunft mag er sich ebensowenig anschließen: »In der langen Zeit, in der ich mich nun schon mit Jazz beschäftige, gab es immer wieder Leute, die sagten, der Jazz sei tot. Aber in meine Konzerte kommen heute ganz junge Leute. Unter ihnen besteht ein viel größeres Interesse an dieser Musik als früher. Außerdem ist der Beruf des Jazz-Musikers offenbar wieder attraktiv geworden. Es ist in meiner Zeit bisher nie so gewesen, daß es so viele junge Jazz-Musiker gab, die alle sehr gut spielen können. Das kann nur beweisen, daß es mit dem Jazz aufwärts geht.« So fern ihm das Repräsentieren liegt, so eindeutig ist Albert Mangelsdorff doch ein Repräsentant: als Deutscher für die folgenreichste musikalische Bewegung dieses Jahrhunderts, deren zweifelnden Optimismus und vor allem ihren trotzigen Stolz er verkörpert. »Ich weiß, daß ich als Bindeglied zwischen Jazz und zeitgenössischer Musik bezeichnet werde«, sagt Mangelsdorff. »Aber ich glaube nicht, daß wir Jazzer Anleihen nehmen müssen bei irgendwem. Ich versuche die Benutzung sogenannter zeitgenössischer Elemente zu vermeiden. Jazz ist die eigentlich zeitgenössische Musik.«

M. O. C. Döpfner

AUFNAHMEN
unter eigenem Namen:
Albert Mangelsdorff and his Frankfurt All Stars featuring Hans Koller, Rhein-Main Jump, Jazztone J-1246
Albert Mangelsdorff Quintet:
Tension, CBS 62336
Now Jazz Ramwong, CBS 62398
Folk Mond & Flower Dream, CBS S 63162
Birds of Underground, MPS 2121746-9
Albert Mangelsdorff Quartet:
Never Le It End, MPS 15274
Live in Tokyo, enja 2006
Albert Mangelsdorff And His Friends, MPS 15210
Atilla Zoller-Lee Konitz Quartet featuring Albert Mangelsdorff: Zo-Ko-Ma, MPS 15170
Brötzmann/Van Hove/Bennink plus Albert Mangelsdorff, FMP 0030/40/50
Albert Mangelsdorff Meets Masahiko Sato:
Spontaneous, Intercord 28511
Albert Mangelsdorff – Solo:
Trombirds, MPS 2121654-3
Tromboneliness, MPS 68129
Albert Mangelsdorff, MPS 68287
Albert Mangelsdorff Trio:
The Wide Point, MPS/BASF 2022569
Triple Entente, MPS 68293
Albert Mangelsdorff/Joachim Kühn/Pierre Favre/Gunter Hampel: Solo Now, MPS DC 22629-8
Albert Mangelsdorff/Jaco Pastorius/Alphonse Mouzon: Trilogue, MPS 68175
Albert Mangelsdorff: A Jazz Tune I Hope, MPS 68212
Albert Mangelsdorff/J. F. Jenny-Clark/Ronald Shannon Jackson: Albert Live In Montreux, MPS 68261
Albert Mangelsdorff: Hot Hut, Musikant EMI 1C 066 1471151

mit anderen Gruppen und Musikern:
Hans Koller and His New Jazz Stars: New Sound From . . . Germany Vol. V, LD 144 Vogue
Hans Kollers New Jazz Stars 54 plus Albert Mangelsdorff, Mod Records BMLP 06013
Jazz Wien-Berlin, Jazztone J-1038
Joki Freund Quintett:
Jazz Festival Sopot 1957, MUZA L 0160 (Polski Nagrania)
European All Stars: Ohne Titel, Tel BLE/SLE 14026
The German All Stars: Live At The Domicile, MPS 3321279-3
The German All Stars in Südamerika, CBS S 66217
John Lewis & Albert Mangelsdorff & The Zagreb Jazz Quartett: Animal Dance, Atlantic SD 1402
Jazz Workshop Concert: Im Jungen Forum '64 der Ruhrfestspiele Recklinghausen, Philips 840475

International Jazz Workshop: Ohne Titel, Mercury International 134601 MFY
Don Cherry: Eternal Rhythm, MPS 15204
Colin Wilkie/Shirley Hart/Albert Mangelsdorff/Joki Freund: Wild Goose, MPS 15229
The Down Beat Poll Winners In Europe: Open Space, MPS 15259
The Baden-Baden Free Jazz Orchestra Conducted By Lester Bowie: Gittin' To Know Y'All, MPS 15269
Europe Jazz All Stars At The Midnight: Room 1220, Trio RSP-9014
Rolf Kühn Jazzgroup: Devil In Paradise, MPS 2021078

Krzysztof Penderecki: Actions For Free Jazz Orchestra (mit dem New Eternal Rhythm Orchestra von Don Cherry), Philips 6305153
Trombone Workshop: Ohne Titel, MPS 2120915-6
Volker Kriegel: Inside: Missing Link, MPS 3321431
Peter Brötzmann u. a.: Outspan No. 1, FMP 0180
Globe Unity Orchestra: Der Alte Mann Bricht . . . Sein Schweigen, FMP S 4 Bavarian Calypso, FMP S 6
Globe Unity Special: Evidence Vol. 1, FMP 0220
The Rolf Kühn Group: Total Space, MPS/BASF 2022625-5
Hans Koller & Wolfgang Dauner: Free Sound & Super Brass, MPS/Metronome 68109
Globe Unity Orchestra and Guests: Pearls, FMP 0380
Volker Kriegel: Topical Harvest, MPS 20228274
Das Auto Blubberbumm, ein Musical für Kinder von Dieter Süverkrüp und Wolfgang Dauner, Pläne K 20903
All Star Big Band: Jazz Gala 77, Telefunken 628438
Mumps: A Matter Of Taste, MPS/Metronome 68169
Peter Giger: Illegitimate Music, nagara 1014
Horns: Horns, FMP 0660
Interjazz IV: Good Old Circus, FMP SAJ-33
Zbigniew Seifert: We'll Remember Zbiggy, Mood 28620
Aladár Pege: Live Pege, Krém SLPX 17742
Manfred Schoof Orchester: Reflections, Mood 28641
Michael Sagmeister: Waiting For Better Days, Mood 28640
Michael Naura: Ochsenzoll, Mood 28654
mit dem United Jazz + Rock Ensemble:
Live im Schützenhaus, Mood 28600
Ohne Titel, Mood 22666
Teamwork, Mood 28604
The Break Even Point, Mood 23600
Live In Berlin, Mood 28628
Zwischenbilanz – The Best From 1971–1981, Mood 28637
Live opus sechs, Mood 28642
Round Seven, Mood 28656
10 Jahre, Mood 28649 (A Box With All Records of UJ + RE)
Festival-Mitschnitte und Sammelplatten:
Deutsches Jazzfestival 1954, Brunswick 86030/31
Jazz By The Sea, MUZA L 0159 (Polski Nagrania)
Frankfurt All Stars, Jazz in Europe, Concert Hall SJS 1303
MPS Jazz Concert '69, The Great Re-Union, Center CEN 17048
Born Free – The 12. German Jazz Festival, Scout ScS 11
Internationales New Jazz Meeting auf Burg Altena, JG 21/22
2. Internationales New Jazz Meeting auf Burg Altena, JG 027/28
From Europe With Jazz (Zürich International Festival All Stars), MPS 2121437
21. Internationales Jazz Festival Zürich, The Authentic Live Recording, MPS 3321277-7
City Jazz Frankfurt-Main Streams, Telefunken 628341

Singles und Schellackplatten:

Hans Koller-Quintett, Brunswick 82769
Hans Koller-Quintett, Brunswick 82777
Hans Koller-Quintett, Brunswick 82778
Hans Koller's New Jazz Stars, Brunswick LPB 86030
Hans Koller's New Jazz Stars, Jazztime Baden-Baden, Bertelsmann Schallplattenring 66015
Joki Freund Quintet, Joki's Sparkle, Jazztone J 721
3. Deutsches Jazz Festival 1955, Brunswick EPB 10022
Frankfurt All Stars, Vier Temperamente, Brunswick EPB 10059
Jazz Salon Dortmund 1957, Metronome MEP 1136
Ohne Titel, Brunswick EPB 10804
Hans Koller's New Jazz Stars, Jazz Made in Germany 1. Folge, Bertelsmann 36734
Hans Koller's New Jazz Stars, Brunswick EPB 10811
Benno Walldorf Blues-Combo, Brunswick EPB 10810
Jazz-Ensemble des Hessischen Rundfunks, Die Opa Hirchleitner Story, Brunswick 10815
Albert Mangelsdorff mit seinem Jazztett, Modern Jazz, Neckermann 944/13
Deutscher Jazz-Salon Berlin 1961, Opera 4362

Zahllose Artikel über Albert Mangelsdorff erschienen in Fachzeitschriften, Tageszeitungen, Programmheften und Anthologien zum Jazz. Die nachstehende kleine Auswahl mag vielleicht ein wenig zum Verständnis seiner Musik und seiner musikalischen Anschauung beitragen:

Jazzpodium, Deutschland Sonderheft, Jg. XVI, Nr. 3, 1967.

Dieter Glawischnig, Motivische Arbeit im Jazz (Analyse von Albert Mangelsdorffs Improvisation »Blues du Domicile«), in: Jazzforschung 1, Graz 1969, S. 133–139.

Wolfgang Sandner, Anmerkungen zur Improvisationstechnik von Albert Mangelsdorff, in: Jazzforschung 3/4, Graz 1971/72, S. 166–171

David Baker, Jazz Styles & Analysis: Trombone (darin Transkription und Kurzanalyse von Albert Mangelsdorffs »Zores Mores«), Chicago 1973.

Joachim-Ernst Berendt, Wiederentdecken, was Jazz in Wirklichkeit ist – Gespräch mit Albert Mangelsdorff, in: Joachim-Ernst Berendt, Ein Fenster aus Jazz – Essays, Portraits, Reflexionen, Frankfurt 1977, S. 59–72.

Tom Everett, Albert Mangelsdorff Interview, in: newsletter, International Trombone Association, Vol. V, Nr. 1, September 1977, S. 20–21.

Neuer Jazz – USA contra Europa – Beiträge zur Jazz-Szene, in: Neue Zeitschrift für Musik, Heft 3, 1979.

Bill Smith, Albert Mangelsdorff Interview, in: Coda – The Jazz Magazine, Nr. 168, 1979, S. 4–10.

Wolfgang Sandner, Hallo Albert!, in: Was da ist in Frankfurt – Ein halbes Jahrhundert Kunst und Literatur, hrsg. von Gerhard König und Adam Seide, Frankfurt 1983.

Gérard Rouy, Albert Mangelsdorff – Des voix en coulisse, in: Jazz-Magazine, Special Europe 83, Nr. 315, Februar 1983 (Paris).

Bert Noglik, Jazz-Werkstatt International, (darin: Interview mit Albert Mangelsdorff, S. 68–87), Reinbek 1983.

Michael Rieth, Einmal Winter-Sommer und zurück! Erster Klasse natürlich. Ein Stück Wegs mit Albert Mangelsdorff, in: JazzContainer 86/87, Jahrbuch für improvisierte Musik, Hofheim 1986.

Ekkehard Jost, Europas Jazz 1960–80 (darin der Artikel über Albert Mangelsdorff, S. 199–210), Frankfurt 1987.

Albert Mangelsdorff – Frankfurt am Main: Jazzmusik und grüne Soß, Freiburg i. Br. 1990.

Albert Mangelsdorff gab selbst eine Anleitung zur Improvisation für Posaune heraus (Mainz 1965).

Er macht die Musik, er macht die Show, und bleibt im Hintergrund:

Fritz Rau

Eine graue Eminenz des Showbusiness stellt man sich schillernd vor. Was hinter den Kulissen geschieht, beflügelt ohnehin die Phantasie. Und wenn schon die Puppen bunt sind, wie farbig muß dann erst derjenige sein, der sie tanzen läßt. Bisweilen aber tritt die Eminenz aus dem schützenden Schatten, und man kann erkennen, daß sie auch in Wirklichkeit grau ist. Im Rampenlicht der Öffentlichkeit soll Hans Beierlein, einst Manager von Udo Jürgens, einmal bekannt haben: »Die einzigen Noten, die ich lesen kann, sind Banknoten.« Das ist die klassische Hintergrundarie: Das Geld macht die Musik. Alles andere zählt nicht. Fritz Rau, der erfolgreichste deutsche, wenn nicht gar der erfolgreichste europäische Konzertveranstalter, kann besonders gut Banknoten lesen. In der Grauzone des Schaugeschäfts – unter Managern, Produzenten, Agenten, persönlichen Beratern und Veranstaltern – wirkt der schlaue Schwabe, der eigentlich Verwaltungsjurist werden wollte und sich in Anflügen von Selbstironie gelegentlich »Assessor Rau« vorstellt, jedoch geradezu exotisch gelehrt. Er gilt als Persönlichkeit mit musikalischem Sachverstand, als kluger Kopf und Pater Joseph mancher Bühnenstars, als geistvoller Dirigent im Hintergrund, der die Fähigkeit besitzt, sogar Journalisten und Kritiker in seinem Schattenorchester mitspielen zu lassen, zumeist so, daß es ihnen selber gar nicht auffällt.

Geldverdienen und musikalische Qualität, das paßt nicht immer gut zusammen. Fritz Rau hat Schwierigkeiten, vor sich selbst zu rechtfertigen, was er mit branchenüblicher Skrupellosigkeit gar nicht zu rechtfertigen brauchte: daß er, nachdem er sich einst mit anspruchsvollen Jazzkonzerten einen Namen gemacht hatte, nun bei Howard Carpendale, Peter Maffay oder Peter Alexander gelandet ist; gewiß nicht die schlechteste Unterhaltungsmusik, aber auch nicht das, was die Musikwelt bewegt. So wirken seine Argumente, mit denen er Peter Maffay zum Volksaufklärer stilisiert oder Peter Alexander zum »Assimilationsgenie«, das dem Ruhrkumpel Swingmusik näherbringe, wie ästhetische Gewaltakte zur eigenen moralischen Aufrüstung.

Der Jazzverehrer Fritz Rau muß sich einfach einbilden können, bestimmte Musiker seien nicht so, wie sie sind, damit er sie ohne ästhetische Gewissensbisse im Konzert präsentieren und seinen zwei Prinzipien unterordnen kann, denen er anhaltenden Erfolg und Reputation mit verdankt: einerseits der Maxime, gute persönliche Beziehungen zu den Künstlern herzustellen, was die Identifikation mit deren Musik einschließt: andererseits dem Grundsatz, das Publikum nicht dümmer aus einem Konzert zu entlassen, als es hineingegangen ist. Um diese Leitsätze miteinander zu vereinbaren, hat sich Fritz Rau ein auf Anhieb kaum durchschaubares, im Grunde aber einfaches Argumentationsschema zurechtgelegt. Er stellt bestimmte Musiker in Konzerten vor, wenn er glaubt, daß sie akzeptable Musik machen. Gibt aber die Musik nicht her, was Fritz Rau sich unter annehmbar vorgestellt hat, dann kann dieser Satz auch umgekehrt werden. Bestimmte Künstler machen (für ihn) einfach akzeptable Musik, wenn er sie präsentiert.

Und das ist gar nicht einmal so falsch. Denn zu einer brauchbaren Musik gehört ein entsprechendes Konzertarrangement, das der international erfahrene

Rau wie kaum ein zweiter hierzulande garantiert. Konzerte werden im allgemeinen technisch perfekt durchgeführt, so gut, daß amerikanische Künstler auf Europa-Tournee sogar ihre technischen Leiter einsparen, weil sie der von Lippmann & Rau angeheuerten Mannschaft vertrauen können. Und wer in der notorisch unzuverlässigen Rocksphäre einmal miterlebt hat, wie die beste Musik durch dilettantischen Bühnenaufbau, schlecht postierte Verstärkeranlagen, undisziplinierte Musiker, mangelhafte Aufsicht und noch eine ganze Reihe anderer organisatorischer Fehlleistungen zunichte gemacht werden kann, der weiß ein durchdachtes und funktionierendes Veranstaltungskonzept zu würdigen.
Fritz Rau hat lange gelernt und ganz unten im Geschäft begonnen: »Zunächst habe ich im Cave, einem Jazzkeller in Heidelberg, der 1954 gegründet wurde, als Türsteher und Aufpasser angefangen. Ich kam dann in den Vorstand des Clubs – weil ich ein tüchtiger Türsteher war.« Fritz Rau liebt die untertreibende Selbst-

stilisierung. Norman Granz, der zusammen mit Horst Lippmann seine »Jazz at the Philharmonic«-Konzerte in den fünfziger Jahren startete, habe einen Kofferträger für Gene Krupas Schlagzeug gesucht. Also hat Fritz Rau Koffer getragen und Schlagzeuge aufgebaut: »Seitdem hasse ich Schlagzeuge.« Das erste Konzert wurde von ihm 1955 in der Heidelberger Stadthalle mit den Frankfurt All Stars und Albert Mangelsdorff veranstaltet. Später, neben dem Jurastudium, war er Tourneeleiter und Konzertreferent der Deutschen Jazzföderation, bis er 1964 mit Horst Lippmann die Firma Lippmann & Rau gründete. Was die beiden Konzertunternehmer von Frankfurt aus für den deutschen Jazz wie für den Jazz in Deutschland und die beginnende Rockmusikszene getan haben, war Pionierarbeit. Und mit ihrem berühmten, bis heute existierenden »American Folk Blues Festival«, das die angloamerikanische Rockmusik jener Zeit stilistisch mitgeprägt hat, haben sie das obere Maß für Veranstaltungen festgelegt: nicht nur organisatorische Funktion, sondern Einfluß auf musikalische Trends auszuüben.

Blues, Spiritual-&-Gospel-Festival, Avantgarde-Jazz, Folklore, Pariser Chansons, Soulmusic, Rock mit Frank Zappa, Janis Joplin und Jimi Hendrix – das Spektrum von Lippmann & Rau-Konzerten in den sechziger Jahren war breitgefächert, für Fritz Rau aber offenbar nicht krisenfest genug in einer kulturellen Atmosphäre abgesichert, in der man freie Konzerte forderte, Veranstaltungen gestürmt und zu Demonstrationen umfunktioniert wurden, Sachschäden mit fünfstelligen Summen entstanden, die keine Versicherung zu tragen bereit war.

»Das begann damit, daß wir plötzlich von Leuten bestürmt wurden, mit denen wir uns einig glaubten; genau wie Herr Adorno, ohne daß ich mir anmaße, jemals die Bedeutung dieses Mannes zu haben, die ich nicht so hoch einschätze, wie sie eingeschätzt wurde. Aber davon abgesehen, da waren zum Beispiel die zwei Konzerte mit Jethro Tull in der Frankfurter Jahrhunderthalle: Kapazität fünftausend Besucher. Leider darf man ja in dieser Halle keine Stehplätze ausgeben. Die Leute wären ja froh gewesen, irgendwo zu lagern; da, wo die Presse sitzt und ihr Bier während des Konzerts trinkt, hätten sie sich auch wunderbar einen Eindruck verschafft von der Qualität des Dargebotenen. Durften wir nicht. Also, wir hatten fünftausend Leute drin und nochmal so viele draußen. Wir haben die Türen abgeschlossen und haben gedacht, jetzt haben wir ein schönes Konzert: Bourrée, Bach ... Plötzlich fielen Steine. Schaden, Gott sei Dank kein Personenschaden, denn oben hingen noch die schweren Reststücke der Glasscheibe. Wahnsinn! Ich habe gebrüllt: Bleibt weg, bleibt draußen. Es hätte einen halbieren können, einfach so. Am nächsten Tag wurde ich vorgeladen: Jahrhunderthalle, nie mehr Rockkonzerte. Warum? Ja, vierzigtausend Mark Schaden! Da habe ich gesagt: Als Jurist muß ich Ihnen sagen, das sind Demonstrationsschäden. Das sind nicht Schäden, die von Karteninhabern, für die ich verantwortlich bin, angerichtet wurden. Das sind Demonstrationsschäden von Personen, die ich ja weghaben wollte. Also öffentliches Problem. Ich hafte nicht.«

Bezahlt hat er trotzdem, weil er nicht »inkompetenten Leuten überlassen wollte zu beurteilen, ob irgendeine Art von Musik ungeeignet sei, in irgendeiner Halle aufgeführt zu werden«. Aber er fing danach an, seine Konzerte wie Festungen zu verteidigen, mit Ordnern und Hundeführern, was ihm nur noch mehr Feindschaften einbrachte, vor allem in Berlin, wo man ihn beim Konzert der »Mothers of Invention« zwingen wollte, einen Aufruf zur Freilassung des Kommunarden Fritz Teufel zu gestatten. Seine Weigerung brachte ihm Bühnenbesetzungen,

Frank Zappas Gruppe den Spitznamen »Mothers of Reaction« ein. Aber Fritz Rau ging wieder nach Berlin. Das nächste Konzert fand mit Jimi Hendrix statt. Die Bühne wurde zwei Meter höher gebaut, und als die Truppen anstürmten und sich am Podest hochhangelten, hat Fritz Rau seinen berühmten Fußmarsch begonnen. Nie hätte er sich träumen lassen, daß er seinen Konzertbesuchern einmal auf die Hände treten würde. Aber Jimi Hendrix hat gespielt.

In dieser Zeit entwickelte Fritz Rau auch sein System der Selbstsubventionierung: Tourneen mit den Les Humphries Singers finanzierten Risikokonzerte wie die der späteren Supergruppe »Emerson, Lake & Palmer«, die 1971 in Frankfurt noch vor dreihundert Hörern auftrat und für die später jede Halle zu klein war. Fritz Rau kalkuliert so, daß die anfallenden Kosten eines Konzerts nicht mehr als sechzig bis siebzig Prozent der Sitzkapazität ausmachen. Der Rest ist seine Verdienstspanne und gleichzeitig der Sicherheitspuffer für nicht ausverkaufte Hallen. Nur kann auch er nicht immer frei spekulieren. Durch überzogene Gagenforderungen der Musiker wird seine Variationsmöglichkeit erheblich eingeschränkt. Vor allem bei den Konzerten mit den großen amerikanischen Entertainern wie Liza Minnelli, Sammy Davis jr. oder Shirley McLaine, die die Konkurrenz sarkastisch als »Fritz Raus Altersversorgung für Hollywood« abqualifizierte, wurden ihm die Preise oft diktiert. Bei Frank Sinatra hat er schließlich gepaßt. Hundertfünfzigtausend Dollar geforderte Abendgage hätten sich in Eintrittspreisen von zweihundertfünfzig Mark pro Karte niedergeschlagen. Damit aber wäre er vor jenen Künstlern unglaubwürdig geworden, die er ständig ermahnt hatte, Deutschland nicht als das Land der unbegrenzten Möglichkeiten zu betrachten.

Anschauungsunterricht in Verhandlungstaktik gibt er bereitwillig am Beispiel von Neil Diamond: »Da haben wir stundenlang verhandelt. Schließlich habe ich den Spieß herumgedreht und gesagt: Jetzt sind wir bei siebenstelligen Zahlen angelangt. Jetzt hören wir auf zu reden, was Neil Diamond bekommt. Jetzt wollen wir mal davon ausgehen, was ihr mir predigt, wir würden ausverkaufen, es sei kein Risiko dabei: No, Fritz, so pay! Gut, wir verkaufen aus. Ihr kriegt alles. Jetzt reden wir davon, was ich bekomme. Wenn kein Risiko vorhanden ist, worüber reden wir dann? Ihr bekommt alles, und ihr gebt mir etwas ab. Da waren wir uns nach zwanzig Minuten einig. Ich habe ordentlich verdient.«

Für Fritz Rau ist Musik ein Lebensmittel, zuweilen – wenn er an die schwarzen Gettos denkt – ein Überlebensmittel, jedenfalls keine Sterbehilfe, als die er die No-Future-Attitüde der Punks einstuft. Aber auch keine tönende Wochenschau, keine Anhäufung gesungener Leitartikel. Dafür seien die entsprechenden Medien da: »Man soll Zeitungen, Abend- und Tagesschau nicht ganz überflüssig machen, indem das alles mit erhobenem Zeigefinger in unseren Konzerten stattfindet, mit Ausblick auf die schöne Welt der Ideallösungen, des Sonnenaufgangs und der Vernichtung des Kapitalismus, in dessen Freiräumen auch die Künstler einigermaßen günstiger leben können als in den herben Gefilden, in denen die Sonne schon aufgegangen ist.« Fritz Raus gemischt rational-emotionale Argumentation ist bezwingend. Wer wollte ihm widersprechen, vor allem, wenn er weiß, daß sich auch bei Fritz Rau alles relativiert – spätestens bei der nächsten Tournee mit Bob Dylan oder Joan Baez und deren Gestus einer »utopischen Musik«. Fritz Rau lebt im Widerspruch – schillernd.

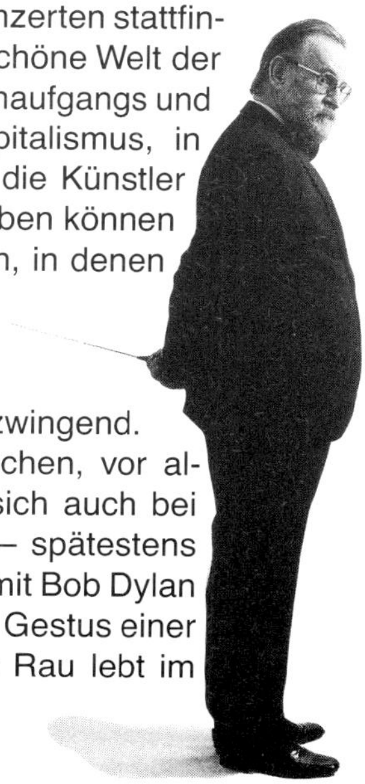

Wolfgang Sandner

Hochgeschwindigkeitsläufe: Michael Sagmeister

Der Jazzkeller, 1979. Rauch, Bierdunst, ein altmäuerlicher Moder mischt sich mit dem Geruch von Schweiß. Im Publikum: hauptsächlich Musiker, noch mehr als gewöhnlich, Kollegen, die nach gefährlichen Konkurrenten, Mitspielern oder Vorbildern Ausschau halten. Insider-Talk an der Börse der improvisierten Musik. Auf der Bühne: ein Idol der Frankfurter Jazz-Rock-Fans, eine 20 Jahre alte Kultfigur, die kaum einer kennt, eine Berühmtheit für Eingeweihte. Begleitet wird sie von prominenten »Stars« der Szene. Elektrobaß spielt Udo Kistner, zur Zeit einer der Schnellsten in Frankfurt. Man bewundert ihn für seine Fretless-Baß-Technik auf den Spuren von Jaco Pastorius. Am Schlagzeug Hermann Kock, der elegante Ästhet, ein Virtuose der unauffälligen Schwierigkeiten irgendwo auf dem mühsamen Weg von Billy Cobham zu Steve Gadd. Es fällt schwer, neben solchen Riesen Größe zu beweisen. Aber im Mittelpunkt steht eindeutig der Kleinste: Michael Sagmeister an der Gitarre.

Die Finger rasen über das Griffbrett wie Spinnenbeine im Zeitraffer, der Kopf ist gesenkt, die Haare fallen, einem Vorhang gleich, links und rechts über das Gesicht. Michael Sagmeister beißt sich auf die Lippen, wenn spitze Solo-Töne Löcher in den Klangteppich stechen. Immer wieder bremsen zu Triolen gestaute Akkorde den treibenden Rhythmus, aberwitzige Hochgeschwindigkeitsläufe jagen über die Harmoniefelder. Der Gitarrist entfacht ein spieltechnisches Inferno, das selbst abgeklärte Gemüter entflammt. Man spricht von Geschwindigkeitsrekorden und bemüht allerhöchste Vergleiche: Al DiMeola oder John McLaughlin seien auch nicht schneller. Michael Sagmeister wird zum neuen Gitarren-Guru gekürt. Er gilt als Frankfurts vielversprechendster Virtuose seit Volker Kriegel.

In seinem zur damaligen Zeit fast schon wieder konventionellen Jeans-Look wirkt der Musiker nicht unbedingt wie ein gefeierter Künstler. Auffallend muskulöse Oberschenkel lassen ihn auf der Bühne eher aussehen wie einen Fußballer, der nach dem Training nochmal zur Gitarre greift. Der Schein trügt nicht völlig. Tatsächlich hätte der 1959 geborene Offenbacher um ein Haar als Stürmer Karriere gemacht. Als Hochbegabter im Fußballverein gefördert, war er sogar schon für die Jugendnationalelf nominiert. Gegen den Willen der Eltern, die den Sport als etwas »Reelles« betrachten, entscheidet sich der Vierzehnjährige für die Musik. »Der Anlaß, Jazz zu spielen, war für mich eine Platte von Carlos Santana«, erinnert sich Sagmeister: »Ich hörte sie bei einem Freund, aber es war nicht Santana, der mich aufhorchen ließ, sondern ein Sopransaxophonist, der in Santanas Band einen Klang entfaltete, den ich von der Rockmusik her gar nicht kannte, der mich jedoch irgendwie anzog. Dieser Freund spielte mir dann Platten von Coltrane vor, und ich fühlte mich mehr und mehr in diese Musik ein; über Coltrane kam ich zu Miles Davis und dann eigentlich noch einen Schritt zurück zu Charlie Parker.«

Der Fünfzehnjährige übt sechs bis acht Stunden pro Tag und verdient sich bald sein Geld als Mietmusiker in amerikanischen Clubs. Was beinahe das Fußballspielen geworden wäre, wird nun die Musik: ein Medium, um sich aus einer Gesellschaftsschicht, aus einem Elternhaus herauszukatapultieren und die Grauzone der Mittelmäßigkeit zu verlassen. Sagmeisters extremer Ehrgeiz hat von Anfang an viel mit Trotz zu tun. Es scheint

immer, als sei er nicht mit oder durch irgendwas berühmt geworden, sondern gegen etwas.

Als Neunzehnjähriger spielt er seine erste Platte ein. In zunächst jährlichem Abstand folgen weitere. Das anfangs unzertrennlich wirkende Sagmeister-Trio löst sich schließlich auf, nicht zuletzt auch wegen des offenbar sehr autoritären »Führungsstils« des Gitarristen. In häufig wechselnden Formationen vollzieht Michael Sagmeister nun vor allen Ohren eine gewaltige musikalische Entwicklung. Er spielt zusammen mit dem Saxophonisten Christof Lauer, gibt mit dem Düsseldorfer Pianisten Christoph Spendel reine Duo-Abende von kammermusikalischer Intimität und experimentiert in diversen Duo- und Quartett-Formationen. 1984 wird er sogar von dem amerikanischen Schlagzeuger-Idol Billy Cobham für eine gemeinsame Tournee engagiert. Musiker, deren Platten Sagmeister vor wenigen Jahren noch ehrfürchtig lauschte, rufen nun persönlich bei ihm an und bitten ihn zur Zusammenarbeit.

Im Zuge dieser Erfahrungen wird Sagmeisters Temperament immer ruhiger – ein Zeichen der Reife, nicht der Resignation. Eine Wandlung signalisiert allein der Name seiner 1987 gegründeten Band: »The New Group«. Die mitunter selbstzweckhaften Technik-Demonstrationen sind einer Konzentration auf Melodisches gewichen, die Hochgeschwindigkeitsläufe haben von der Kunst des Weglassens profitiert, und die vor rhythmischen Vertracktheiten knatternden Jazz-Rock-Salven werden heute von einer entspannten, klangfarblich reich variierten Ton-Lyrik abgelöst. Michael Sagmeister, der großartige Techniker, wird immer mehr auch zu einem großen Musiker.

M. O. C. Döpfner

AUFNAHMEN

Sagmeister Trio:

Sagmeister Trio, Mood 28607
Ganshy, Mood 28612

Michael Sagmeister/Christoph Spendel:

Limousine, Trion
Between The Moments, Teldec BS 84001
So Near So Far, LR 40024

Michael Sagmeister:

The Silent Spectacle, Mood 28630
Waiting For Better Days, Mood 28640
Two Is A Crowd, Mood 28643
Looking Out My Window, Mood 28659
Still With Me, Intercord 942606

Wandlungen eines Pianisten: Roland Schneider

Mainstream, wie klingt denn das? Mainstream klingt nach Masse und nach Bierzelt, nach Planschen im breiten Fluß – Hauptsache, der Kopf bleibt oben. Irgendwie klingt Mainstream nicht gut. Nicht nur Stil-Puristen unter Musikern und Fans denken so, selbst das sonst so zuverlässige Jazz-Lexikon verweigert die Korrektur gängiger Vorurteile. Mainstream, so heißt es dort, ist der Hauptstrom im Jazz. Mehr gibt es nicht zu sagen.

Gibt es nicht? Mainstream, das sind Welttourneen mit dem legendären »Golden Gate Quartet«, das ist die Titelmelodie der »Hessenschau«. Mainstream ist musikalische Arbeit mit Schlagersängern wie Costa Cordalis und Peter Orloff, das sind nächtelange Sessions in amerikanischen Clubs. Mainstream, das ist Vielseitigkeit mit Herz, sagt Roland Schneider: »Ich bin im Mainstream verhaftet. Da fühle ich mich wohl. Sollen die anderen doch denken, was sie wollen. Ich mache meine Musik.«

Seine Musik macht Roland Schneider, der sie alle kennt, die alten und die neuen Stars des deutschen Jazz, und die ihn alle kennen, den zuverlässigen Pianisten für alle Jazz-Fälle zwischen Dixieland und Bebop, seit mehr als drei Jahrzehnten. 1937 in Frankfurt geboren, wuchs Schneider in Limburg auf. Die übliche Karriere des Freizeitmusikers bahnte sich an: Mit acht Jahren lernte er Violine spielen, musizierte nach eigener Einschätzung »ganz ordentlich« im Schulorchester und wechselte später zur Bratsche.

Dann kehrte der Halbwüchsige in die Jazz-Metropole Frankfurt zurück, und nichts war mehr so, wie es vorher war. Schneider gab es auf, Etüden zu üben und begann zu swingen. Für kurze Zeit noch auf der Geige, dann auf einem Spielzeug-Saxophon, mit der Gitarre, dem Kontrabaß und – endlich – dem ersten Klavier. Schwarz war das Instrument, uralt; 50 Mark hat es gekostet. Und Schneider mußte es spielen, weil sonst keiner wollte. Er spielte Klavier, und bis heute hat er damit nicht aufgehört. Seine erste Band, die nach einer Straße in New Orleans benannte »Burgundy Street Paraders«, gründete er mit achtzehn Jahren. Die erste Schellack-Platte wurde in Wiesbaden aufgenommen – guter alter Dixieland, bis auf die kleinste Phrasierung getreu den großen amerikanischen Vorbildern. »Aber instinktiv wußte ich: Das war nicht das, was ich wollte«, erinnert sich Schneider.

Mit den »Swing Cats« kam er seinen musikalischen Vorstellungen näher. Im Jahre 1961 gewann die Gruppe das Deutsche Amateur-Jazz-Festival in Düsseldorf und eine anschließende Deutschland- und Österreich-Tournee, Hörfunk- und Fernsehauftritte inklusive. Zu jener Zeit waren der Kaufmanns-Gehilfen-Brief, den Schneider auf Drängen seiner Eltern in einer kleinen Lackfabrik im Frankfurter Stadtteil Sachsenhausen erworben hatte, und das kurze Intermezzo als Schallplatten-Vertreter schon fast vergessen. »Es zählte nur noch die Musik.«

Auszuzahlen begann sich im Gegenzug Roland Schneiders gleichsam aus dem Stand entwickelte chamäleonartige Wandlungsfähigkeit auf dem Klavier. In der Frankfurter Jazz-Kneipe »Storyville« lernte der Mittzwanziger den amerikanischen Klarinettisten Albert Nicholas kennen und ging mit ihm und der »Dutch Swing College Band« auf Konzertreise. Nicholas war es auch, der Anfang 1963, als Schneider vorübergehend in Hannover als Club-Manager beschäftigt war, den Kontakt zum »Golden Gate Quartet« herstellte. Vier Wochen lang probten die Sänger mit ihrem neuen Pianisten in Paris, dann war für drei Jahre die ganze Welt Schneiders Heimat.

»Hast du Lust?« Immer wieder wurde Schneider eine Frage gestellt, die mit diesen Worten begann. Und Schneider hatte oft Lust. »Ich öffne mir selbst gern Grenzen.« Er tingelte in Begleitcombos von Jazz-Show-Stars wie Eartha Kitt und den Mills Brothers durch amerikanische Clubs, half als »Mädchen für alles« die Schallplattenfirma Bellaphon in Frankfurt zu etablieren; er gründete »in einem Anflug von Cäsarenwahn« eine eigene Produktionsgesellschaft (»Die größte Pleite meines Lebens«), leitete mehr als fünfzehn Jahre die Rhein-Main-Combo »Hot Swingers« und schrieb und arrangierte Musik.

Als Komponist arbeitet Roland Schneider gern alleine, aber lieber noch mit kompetenten Partnern wie beispielsweise dem Frankfurter Schlagzeuger Ralf Hübner oder Manfred Kullmann, dem Pianisten der Big Band des Hessischen Rundfunks. »Wir werfen uns die Bälle zu und nehmen voneinander ab.«

Roland Schneider, so scheint es, hat sich bis heute jenes Quentchen kindlicher Naivität erhalten, das ein Leben mit der Musik und für die Musik erst erträglich macht. Sich selbst nicht allzu wichtig zu nehmen – das hat er gelernt. Deswegen mag er auch die Frage nach der musikalischen Einordnung, nach künstlerischen Vorbildern gar, nicht beantworten: »Da würde man ja verrückt, ständig im Schatten der Idole, auf der Jagd nach Perfektion um der Perfektion willen. Ich bin gewiß kein Üb-Fanatiker. Vielleicht fällt es mir deshalb leicht, Leute, die besser sind als ich, neidlos zu bewundern.«

Die sympathische Abgeklärtheit mag von der klaren Taunusluft rühren, die Schneider in Lorsbach bei Hofheim atmet, wo er hoch über dem Dorf ein Knusperhäuschen wie aus dem Märchen bewohnt. »Hier oben ist es immer zwei Grad kühler als im Tal, da bekommt man einen klaren Kopf.« Schneider weiß, wo seine Grenzen sind. »Wenn ich mir alles anschaue, was ich bis heute gemacht habe, dann bin ich recht zufrieden: das meiste war gut. Ich muß mich meiner Arbeiten nicht schämen.«

Seit der Trennung der »Hot Swingers« im Jahr 1986 hat sich der Pianist nicht mehr fest an eine Band gebunden, sondern mal hier gespielt und mal dort und zwischendurch zahlreiche Auftragskompositionen geschrieben. Kürzlich freilich erhielt er zwei Angebote, die ihn reizen. Eines hat mit Blues zu tun und mit Gospel, dem echten Gefühl im Jazz also.

»Ich kann dir sagen, das swingt.« Schon nach wenigen Worten ist Schneider Feuer und Flamme, man spürt förmlich, wie es ihm in den Fingern kribbelt. Aber mehr mag er über seine Zukunftspläne dann doch nicht offenbaren. »Man muß sehen, wie sich alles entwickelt.« Nur eines weiß er bestimmt: »Wenn ich einmal in den Himmel komme, gründe ich zusammen mit Louis Armstrong eine Band.«

Andreas Obst

Aufnahmen mit verschiedenen Bands:

The Golden Gate Quartet, Volume 6, Columbia FPX 271 (s)
Friendship, Elektrola 1C 062-31 944
The Black & White Gospel Duo, RCA PL 28317
La Romanderie: Gipsy Swing, CBS 81502
Wie die Alten singen/Pop-Show unserer Star-Politiker, Bellaphon BP 003
Pol(h)itparade/Musik aus Studio Bonn, CBS S 65473
Pol(h)itparade 2/Die Liedermacher aus Bonn, CBS 80735
Bonner Hitparade/Das Duell, Bellaphon (IC) 1421

Klare Linien: Joki Freund

Seit seiner Geburt lebt Joki Freund in Schwalbach – erstaunliche Bodenständigkeit für einen Vertreter der »Weltmusik« Jazz. Aber in dieser Generation Frankfurter Jazzmusiker gibt es auch sonst diese Heimattreue, bei den Mangelsdorffs etwa. Joki Freunds Großvater war Bauer, der Vater Chemiearbeiter in Höchst. Auch wenn dieser gelegentlich beim Platzkonzert zur Trompete griff, so muß ein Talent wie Joki Freund in seinem familiären Umfeld doch ebenso als Kukkucksei bezeichnet werden wie Michael Sagmeister.

Freund ist der größte Selfmademan der deutschen Jazzszene. In die Wiege gelegt wurde ihm wenig; die späteren Bildungsmöglichkeiten waren schlecht. Als er 1940 die Schule verließ, um technischer Zeichner zu werden, hatte er ein paar private Klavier- und Akkordeonstunden gehabt. Ein Musikstudium war nicht »kriegswichtig« und mußte gestrichen werden. Nach dem Krieg ging's ums Überleben. Das war schwer, aber immer noch am leichtesten als Mitglied einer Tanzkapelle, die in amerikanischen Clubs spielte. Deren Saxophonist war unzuverlässig und kam selten. Sein Instrument aber stand herrenlos herum. Joki Freund nahm es gelegentlich mit nach Hause. Über den tiefsten Ton war er fehlinformiert; also hielt er auch alle anderen Töne für etwas, was sie gar nicht waren. Wenn er nach Noten spielte, entstand das reine Chaos.

Natürlich gab sich das bald, und Freund wurde nun hauptamtlich Saxophonist, auch wenn er später noch einmal Klavier (und Tuba) bei den Two Beat Stompers spielte. Aber zuerst kamen die Ensembles von Joe Klimm und Jutta Hipp, von denen letzteres eine ganz avancierte Truppe war. Durch amerikanische Platten und Radiosendungen, vor allem aber durch die in den Armeebands tätigen Musiker waren viele Jazzsignale in Europa angekommen. Keine andere Musik bot eine solche Faszination exotischer Befreiung und Kreativität. Und die Frankfurter Musiker, besonders Jutta Hipp, Albert Mangelsdorff und der in Frankfurt lebende Wiener Hans Koller, waren auf dem letzten Stand – dem des Cool Jazz eines Lennie Tristano und seiner Jünger. Warum die Frankfurter »Schule« den vitaleren Bebop so gänzlich verschlafen hatte und sich auf die abstrakte Kühle der Tristano-Combos (mit Lee Konitz und Warne Marsh) fixierte, erklärt Freund ohne allen Schmus: man wollte einfach auf der Höhe der allerletzten Entwicklung sein.

Es kamen nun gute Zeiten für den Jazz, dem noch keine Beatles die Jugend wegfingen und der eine gewisse Aufmüpfigkeit noch allein vertreten konnte – mit allen Reizen des Neuen und Abenteuerlichen. Die Frankfurter Jazzpioniere Horst Lippmann und Olaf Hudtwalcker ackerten, um »ihrer« Musik ein Forum zu schaffen. Das Deutsche Jazzfestival hatte sich 1954 etabliert; Joki Freund fehlte auf keinem, ob er nun mit Jutta Hipp, eigenen Gruppen oder den Two Beat Stompers spielte. Frankfurt war die Jazzhauptstadt der Republik. 1958 wurde auf Betreiben von Lippmann das Jazzensemble des Hessischen Rundfunks gegründet, in dem die Crème der deutschen Jazzmusiker bis heute ohne kommerziellen Druck experimentieren kann. Joki Freund war zunächst der einzige Arrangeur und Komponist dieser Gruppe.

Diese Notenschreiber-Karriere von Joki Freund ist in Anbetracht seines auch hier vollkommenen Autodidaktentums noch erstaunlicher als die des Saxophonisten. Während man mit dem Instrument noch etwas »Faßbares« in der Hand hat, muß

das Notensetzen viel abstrakter über Ohr und Hirn gehen. Freund hatte immerhin das Glück, daß er sein Komponiertes in den Gruppen, in denen er spielte – seit 1962 auch im Orchester von Erwin Lehn – immer gleich in der Praxis testen konnte. Er wurde schnell Deutschlands wichtigster Jazz-Arrangeur. Er schrieb für kleine und große Gruppen, für durchreisende Amerikaner oder heimischen Nachwuchs und war und ist dabei von einer unglaublichen stilistischen Vielseitigkeit. Seine Partituren reichen vom einfachen Jam-Session-Thema bis zur Zwölftönigkeit und zum Instrumentierungsglanz Strawinskys, von der kleinen Liedform bis zu Aleatorik oder groß angelegten Suiten.

Räume zu schaffen, in denen sich Improvisationen wohl fühlen, ist seine besondere Stärke. Immer wieder wurden ihm deshalb Komplimente gemacht, und kommerzielle Angebote gab's auch, aber was keinen Spaß macht, war für Freund noch nie eine Versuchung. In seinen Kompositionen webt das ganze 20. Jahrhundert, was um so verblüffender ist, als er fast nie Klassik hört. Wo hat er das alles her? Von anderen Jazzexperimentatoren, von vorüberwehenden Klängen aus Autoradios? Oder aus dem blauen Himmel – so wie seine Brieftauben, die er seit Jahrzehnten züchtet, die gelegentlich 800 Kilometer weit weggebracht werden und nach zwei Tagen zurück sind und die bisher verhindert haben, daß ihre »Bezugsperson« auch nur ein einziges Mal einen normalen Urlaub machen konnte? Freund weiß es selbst nicht. Jedenfalls ist er ein phänomenales Beispiel dafür, daß im Jazz komplizierteste Sachverhalte abseits der dafür bereitstehenden abendländischen Bildungsgänge auf sozusagen folkloristische Weise weitergegeben und entwickelt werden können.

Freunds Saxophonspiel ist mit seinem etwas spröden Ton und seinen klaren Linien noch immer mehr dem Cool-Jazz-Ideal verpflichtet als den Wirbeltechniken von John Coltrane, wenn auch sie und manche Elemente des Free Jazz, quasi zum Zitieren, stets zur Verfügung stehen. Ein himmelstürmender Virtuose ist er nicht und bewundert wohl gerade deshalb neidlos die Supertechniker einer mit völlig anderen Ausbildungschancen groß gewordenen Generation: Michael Brekker, Christof Lauer, Bob Berg.

Joki Freund hat das Ende des Dritten Reichs und die deutsche Trümmerphase doch schon in einem recht bewußten Alter mitbekommen und daraus eine stoische Gelassenheit gezogen. Verglichen mit damals ist alles, was in der Musikszene heute passiert, immer noch luxuriös. Vielleicht deshalb hört man Freund nie jammern, fordern, querulieren. Seine Kollegialität ist ein Marmorblock ohne Risse. Kaum jemand kann Gruppenspannungen so wegharmonisieren wie er. Tratsch, Mißgunst, Vorwürfe? Kein Sterbenswörtchen ist Freund davon je über die Lippen gekommen. Er hat sich dafür nicht sehr zusammennehmen müssen.

Ulrich Olshausen

AUFNAHMEN

unter eigenem Namen:

Joki Freund Quintett, Jazz-Festival Sopot 1957, Muza Polskie Nagrania L 0160

Freund-Mangelsdorff-Sextett: Jazz-Festival Frankfurt 1957, Brunswick 10804 EPB

Joki Freund Quintett, Amerika, ich rede dich an – Beat-Dichtung und Jazz, Electrola SME 74215

Joki Freund Sextet, Yogi Jazz, LR 41008

Joki Freund Quintet: Joki's Sparkle, Jazztone J – 721

mit Emil Mangelsdorff:

Jazz By The Sea, Muza Polskie Nagrania L 0159

Swinging Oil Drops, LR 41002

mit Albert Mangelsdorff:

Die Opa Hirchleitner Story, Brunswick 10815 EPB

Modern Jazz, Neckermann 944/13

mit den Frankfurt All Stars:

Vier Temperamente, Brunswick 10059 EPB

mit den Deutschen All Stars:

Die Deutschen All Stars, Columbia 83418

mit Jutta Hipp:

Cool Dogs And Two Oranges, LR 41006

Jutta Hipp Combo Jazz Festival 1954, Brunswick 10014 EPB

mit den Two Beat Stompers:

Dixieland, Brunswick 87901 LPBM

mit dem Wolfgang Dauner Quartett:

Piano x 4, Saba SB 15035

mit dem Orchester Erwin Lehn:

Color In Jazz, MPS/BASF 2121963–1

auf Colin Wilkie/Shirley Hart/Albert Mangelsdorff/Joki Freund:

Wild Goose, MPS 15229 (auch als MPS 2120697)

auf dem Sampler:

Jazz in Europe (mit Frankfurt All Stars), Concert Hall SJS 1303

City Jazz – Frankfurt-Main Streams (mit dem Frankfurt Jazz Ensemble und dem Joki Freund Jazztett), Telefunken 628341

Born Free – The 12. German Jazz Festival (mit der Festival Big Band), Scout ScS 11

Hello Baden-Baden: Sessions 1955–60, Unreleased Radio Tapes, Jazzline JL 20828

mit Albert Mangelsdorff And His Frankfurt All Stars Featuring Hans Koller:

Rhein-Main Jump, Jazztone J-1246

mit dem Jutta Hipp-Quintett:

3. Deutsches Jazz Festival 1955, Brunswick EPB 10022

mit dem Albert Mangelsdorff Septett mit Tete Montoliu:

Original-Life-Aufnahme vom »Deutschen Jazz-Salon Berlin 1961«, Opera 4362

mit dem Emil Mangelsdorff Swingtett:

Original-Life-Aufnahme vom »Deutschen Jazz-Salon Berlin 1961«, Opera 4341

Ein Däne in Bad Homburg: Torolf Mølgaard

Der Lebenslauf von Torolf Mølgaard ist die fast schon klassische Geschichte eines Mannes, für den einfach nichts anderes in Frage kam als die Musik. Mangelnde Begabung für etwas anderes oder Hochbegabung für die Musik? Müßige Frage. Jedenfalls waren alle Opfer und Freuden seines nicht eben gradlinigen Lebensweges von der Musik bestimmt.

1939 wurde Torolf Mølgaard in Kopenhagen geboren. Aufgewachsen aber ist er in der Provinz. Mit neun spielte er Tuba im örtlichen Blasorchester, später Baritonhorn. Mit dreizehn war sein Schicksal besiegelt: Er hörte seine erste Jazzplatte, den »St. Louis Blues«, in einer Aufnahme von Louis Armstrong aus dem Jahr 1928. Das Posaunensolo von J. C. Higginbotham in diesem Stück teilte ihm mit: Das ist es; das ist das Instrument, das ist die Musik. Es dauerte noch ein bißchen, bis er sich eine Posaune leisten konnte, aber mit fünfzehn brachte er sich das Posaunespielen dann selbst bei. Mit sechzehn war die Schule zu Ende.

Mit achtzehn kam die Wehrpflicht. Nun gibt es zwar keine Spezies, die so wenig waffenlüstern ist wie Musiker; trotzdem machen viele Musikstudenten, auch des klassischen Fachs, keinen Ersatzdienst, weil sie beim normalen Militärdienst die Chance haben, in einem der Armeeorchester – mit was für Musik auch immer – das Instrument am Tönen zu halten. So auch Torolf Mølgaard, der zunächst als eine Art spielender Roadie sieben Monate mit einer Armee-Band reiste. Begehrtes Nebenprodukt: freier Posaunenunterricht (fünf Lehrer in zwei Jahren). Später trat er der Königlichen Leibgarde bei, vergleichbar der Truppe der Bärenfellmützenträger vor dem Buckingham Palace. Für Touristen und bei repräsentativen Anlässen spielte er, nostalgisch verkleidet, Euphonium. In dieser Zeit ergaben sich mannigfaltige Kontakte zur Kopenhagener Jazzszene, in der sich schon immer viele Amerikaner heimisch fühlten. Die nächtlichen Jam Sessions kosteten ihn fast seinen vaterländischen Job, weil er zu dem meistens zu spät kam.

Nach der trotzdem nicht unehrenhaften Entlassung aus der Armee war Mølgaard von 1960 bis 1963 freier Musiker, und um zu überleben, spielte er einfach alles, was sich anbot – in Jazzclubs und Striptease-Lokalen, in der Kirche und im Zirkus, im Theater und im Filmstudio. 1963 gründete der Dänische Rundfunk ein Jazzensemble, dem Mølgaard von Anfang an angehörte. Ein Jahr lang wurde dort fast nur Free Jazz gespielt, unter anderem mit den Skandinavienliebhabern Don Cherry und George Russell. Nebenher spielte Mølgaard in mindestens fünfundzwanzig dänischen Gruppen, darunter Amateur-Big-Bands und Dixieland-Orchester. Im Sommer trat er in einem der varietélastigen Orchester im Vergnügungspark Tivoli auf. Dabei fielen immerhin Begegnungen mit Sarah Vaughan, Shirley Bassey, Erroll Garner, Mel Tormé und den Mills Brothers ab.

1964 gründete der Dänische Rundfunk seine Radio Big Band. Auch hier saß Mølgaard von Beginn an in der Posaunengruppe. Während der einen Woche, die Stan Kenton einmal als Gastdirigent verpflichtet wurde, so sagt Mølgaard, lernte er mehr als sonst in zwei Jahren. Natürlich tauchten im Funkstudio auch die vorübergehenden oder dauerhaften Wahldänen Dexter Gordon, Kenny Drew, Ben Webster und Sahib Shihab auf. Jazz Big Bands können auf dieser Welt heutzutage nur mit gewaltigen Subventionen eine stetige Einrichtung sein, und Sub-

ventionen sind immer gefährdet. Das dauernde Gerede von Geldmangel und möglicher Auflösung trieb den mittlerweile auf etwas mehr Sicherheit bedachten Ehemann und Vater zweier Töchter 1973 nach Deutschland, und zwar in die Big Band des Senders Freies Berlin. Die Gerüchte von der Auflösung holten ihn aber auch dort bald ein. Bevor das Schiff 1980 sank, hatte er es 1977 verlassen. Seitdem wohnt er in Bad Homburg und ist Mitglied der Big Band des Hessischen Rundfunks.

Mølgaards Ingenium ist nicht leicht zu beschreiben, weil es sich um kaum wägbare psycho-ästhetische Feinheiten handelt. Es ist eine gewisse heile Mitte und Souveränität, die die wirklich großen Jazzmusiker, vor allem die Amerikaner, auszeichnet; dabei ist es fast gleichgültig, ob sie nun Virtuosen wie Louis Armstrong und Charlie Parker sind oder nur ein paar simple Töne erzeugen wie Count Basie, Jimmy Rushing und auch Louis Armstrong als Sänger. Wie diese Töne »sitzen«, darauf kommt es an, und was da gut oder weniger gut ist, darüber richtet ein unentwirrbares Knäuel aus Gefühl, Erfahrung und Geschmack. Mølgaard hat »es«, was immer es ist, und die grandiose Technik dazu. Er liebt alle Posaunisten, die jenes goldene Handwerksverständnis haben: Vic Dickenson, natürlich J. C. Higginbotham, Jack Teagarden, Lawrence Brown, Al Grey, Benny Green, Bill Harris und Bill Watrous, der am gleichen Tag geboren ist wie er selbst.

Die Spieler des tiefen Blechs haben, weil

sie sich wohl ein bißchen als Außenseiter fühlen, eine Neigung, sich zusammenzurotten. Torolf Mølgaard ist auf diesem Gebiet ungeheuer aktiv. Schon 1962 hatte er in Dänemark ein Ensemble mit vier Posaunen und Rhythmusgruppe. Eine davon 1972 aufgenommene Platte diente sogar Stan Kenton als Unterrichtshilfe am College. Auch in Frankfurt hatte er seit 1978 seine Gruppe Trombones United, bestehend aus einem Rhythmusteam und vier Posaunen, die per Mehrspurmaschine auf einen neunstimmigen Satz gebracht wurden. Seit einigen Jahren organisiert er die Gruppe Low Brass, bestehend aus drei Euphonien, drei Tuben und Rhythmus. Mit dem Tubisten der Stockholmer Philharmonie Michael Lind unterhält er die Gruppe Tuba Jazz Incorporated, und die Danish-German Slide Combination ist ein weiteres Ensemble, in dem sich Heimat und Wahlheimat von Mølgaard verbinden.

In all diesen Gruppen kommen gestochene Artikulation, abendländische Arrangierkunst und die Swing-Phrasierung des Jazz zusammen. Zudem stellt der Mann, den sie den »lone rider« nennen – weil er zu der winzigen Elite gehört, die keinen Führerschein besitzt und deshalb mit dem Fahrrad durch Kopenhagen gondelt –, seine deutschen Kollegen wie Albert Mangelsdorff und Ralf Hübner in Porträtsendungen im Dänischen Rundfunk vor. Seine vielleicht einmalige »erlebte« Kenntnis aller Musik ohne akademischen Ernst – vom Tingeltangel bis zum Free Jazz – hat bei Mølgaard zu einer enormen, wachen Ausgeglichenheit und Unanfechtbarkeit geführt. Auch die größte Toleranz hat allerdings irgendwo einmal ein Ende: Seine Töchter begeistern sich für Heavy Metal Rock – es gibt noch viel zu tun für Torolf Mølgaard.

Ulrich Olshausen

AUFNAHMEN

mit der Clarke-Boland-Big-Band:
- Out Of The Folk Bag, Columbia ST SMC 74323

mit Gustl Mayer's Jazz Stampede:
- Yellow Cab, LR 40004

mit der Main Stream Power Band:
- A Date With Swing, MWM 003
- Highlights In Swing, MWM 007
- Swing Is In The Air, MWM 004
- Memories In Swing, MWM 002
- Holiday For Swing, MWM 006

weitere Aufnahmen unter anderem mit der Danish Radio Group, dem Palle Mikkleborg Orchester, der SFB Big Band und der Peter Herbolzheimer Big Band

Vom Lotto-Baß zur Lady Bass: Lindy Huppertsberg

Das Wort »einfach« hat bei ihr zweifache Bedeutung. Wenn Lindy Huppertsberg sagt: »Ich will einfach spielen«, dann ist vor allem gemeint, daß sie sich nichts anderes mehr vorstellen mag, als Musik zu machen – ihre eigene Musik wohlgemerkt. Aber auch dies bedeutet der Satz: nicht technische Meisterschaft, Virtuosität um ihrer selbst willen, ist erstes Anliegen der jungen Musikerin, sondern Leidenschaft, tiefempfundener Ausdruck: »Ich will immer den Blues fühlen.«
Um den Blues zu fühlen, muß sie etwas in der Hand halten. Niemals könnte sich Lindy Huppertsberg für einen E-Baß erwärmen, den lächerlichen viersaitigen Gitarren-Bastard. Nein, ihr Instrument ist der Kontrabaß, das mannsgroße Resonanz-Ungetüm, dem nur durch Einsatz physischer Kraft jene erdigen Klänge zu entlocken sind, die Freunde des Instruments auf Wolken schweben lassen. Wenn der Baß so richtig swingt – dann erst ist Lindy Huppertsberg so richtig zufrieden: »Das Spiel mit Biß braucht den vollen Körpereinsatz.«
Sie schwört auf den guten alten »walking bass«, die verläßlich gezeichnete Baßlinie, die dem Rest der Band Halt gibt, den Solisten jederzeit die Orientierung ermöglicht: »In einer Gruppe bist du ohne Baß verloren.« Der Biß und der Sound: Wie mit jedem beseelten Bassisten kann man sich auch mit Lindy Huppertsberg in endlose Diskussionen über ihr Instrument verlieren, die (Un-)Möglichkeit, den perfekten Klang zu erzeugen. Ist Darm- oder Stahlsaiten der Vorzug zu geben? Läßt sich mit einem Finger oder mit zweien besser zupfen? Empfiehlt sich zur Verstärkung ein Mikrophon oder ein Pick-up? Die Suche nach dem Ideal als Lebensaufgabe.
Zum Jazz kam Lindy Huppertsberg vergleichsweise spät. Als Kind hatte sie mehrere Jahre Klavierunterricht genossen; Schulzeit und Banklehre der gebürtigen Kölnerin wurden begleitet von dem »üblichen Disco-Tralala«. Erst als ihr Ehemann Arndt »Agi« Huppertsberg 1977 die Einladung erhielt, als Pianist in die renommierte Frankfurter »Barrelhouse Jazzband« einzusteigen, begann auch sie sich für Jazz zu erwärmen. Eine Liaison mit Folgen, denn was Lindy Huppertsberg beginnt, macht sie richtig. »Ich bin ein Typ, der sich voll in eine neue Aufgabe hineinkniet.«
Ungeduld ist ihre Tugend: »Bald reichte es mir nicht mehr, nur einfach herumzusitzen, während die Gruppe auf der Bühne stand. Ich wollte unbedingt dazugehören.« Als der Roadie der »Barrelhouse Jazzband« aufhörte, übernahm Lindy Huppertsberg kurzerhand seine Aufgaben: »Ich fuhr den Band-Bus, machte den Aufbau, überwachte die Tonanlagen – und wurde unentbehrlich. Und eines Tages meinten die anderen, ich solle doch einmal den Kontrabaß ausprobieren.«
Was von den gestandenen »Barrelhouse«-Instrumentalisten eher scherzhaft gemeint war, wurde Lindy Huppertsberg zur ernsthaften Herausforderung. Auch wenn sie zunächst vorwiegend »Lotto-Baß« spielte (»Greif hier mal hin und dann mal dort«), die »Chemie« hat von Anfang an »gestimmt« zwischen Lindy Huppertsberg und dem Kontrabaß. Begeisterung allein genügte ihr jedoch nicht als Triebfeder, die neue Liebe sollte ein solides Fundament erhalten. In Mainz begann Lindy Huppertsberg Schulmusik zu studieren, nach kurzer Zeit bereits mit dem Kontrabaß als Hauptfachinstrument. Krönung ihrer Ausbildung, die sie freilich immer nur als Vehikel betrachtet hat, »um die Musik zu begreifen und mich tech-

nisch zu verbessern«, war ihre mit »sehr gut« benotete Examensarbeit. »Zur Stilistik des Baß-Spiels im traditionellen Jazz. Ein analytischer Vergleich«, lautete der Titel.
Die klassischen Jazz-Vorbilder studierte Lindy Huppertsberg jedoch nicht nur in der theoretischen Auseinandersetzung. Pops Foster, der Meister der perkussiven »Slap Bass«-Technik und bedeutendste Bassist des New-Orleans-Jazz, der früh verstorbene Jimmy Blanton und vor allem Ray Brown: die Namen dieser Musiker markieren die stilistische Entwicklung ihres Kontrabaßspiels, das selbst den alten Routinier Brown, der mit allen Jazz-Größen der letzten Jahrzehnte musiziert hat – von Louis Armstrong über Dizzy Gillespie und Charlie Parker bis zu Stan Getz –, stark beeindruckte. Seine junge Kollegin sei die »Lady Bass«, befand er nach einem Konzert mit apodiktischer Präzision.
Der Versuch, als Mitinhaberin der Ginnheimer »Niddapark Terrassen« aus dem Frankfurter Traditions-Lokal einen »richtig duften Jazz-Club zu machen«, scheiterte, als auf städtische Anordnung die Bahnschranke unmittelbar vor dem Gelände geschlossen wurde und das Publikum auszubleiben begann; nach ihrem gemeinsam mit drei Partnern im vergangenen Mai zum dritten Mal erfolgreich veranstalteten »International Hot Jazz Festival on Sea«, einer Kreuzfahrt mit Jazz rund um die Uhr, hatte die heute Dreiunddreißigjährige jedoch ihre »verrückten Jungs« für die musikalische Zukunft gefunden. »Lady Bass & Real Gone Guys« heißt ihr 1987 gegründetes deutsch-amerikanisches Quartett, mit dem Lindy Huppertsberg die Musikszene erobern will. Wiederum steht ein Aufbruch bevor, der keine Kompromisse duldet. Die »Barrelhouse Jazzband«, ihre künstlerische Heimat während elf Jahren, hat Lindy Huppertsberg 1989 verlassen; ihre Karriere als »Oldtime-Bassistin« betrachtet sie als abgeschlossen. »Ich dränge nach vorne«, sagt sie. Nicht mehr auf die authentische Rekonstruktion archaischer Jazz-Klänge will sich Lindy Huppertsberg festlegen lassen, vielmehr im Jazz der neunziger Jahre als eigenständige Künstlerin ernst genommen werden. »Jazz und Entertainment«, lautet das Konzept ihrer Band, das auf der kürzlich erschienenen Debüt-Schallplatte erstmals dokumentiert wurde. »Sneakin' Around« bietet Klassiker von Benny Goodman, Ray Charles und Muddy Waters in neuem Gewand; Swing, Soul, Rhythm & Blues und Gospel: »Alles, was uns Spaß macht.«
Mit ihrem Lebenspartner, dem amerikanischen Sänger und Percussionisten Ron Ringwood, plant Lindy Huppertsberg von Obertshausen bei Offenbach aus die Zukunft für die gemeinsame »Lady Bass«-Band. »Nicht kleckern, sondern klotzen«, heißt ihre Devise. Bestätigt durch den Erfolg der drei »Hot Jazz«-Abenteuer auf hoher See, läßt sich offensichtlich bestens träumen: von der großen Idee, als Veranstalter dazu beizutragen, Frankfurts Ruf als Welthauptstadt des Jazz neu zu zementieren – und von der eigenen Karriere sowieso.
100 Konzerte im Jahr: So lautet das erste Etappenziel für die Gruppe, das zu erreichen laut Ron Ringwood ein Kinderspiel sein wird: »Lindys Band bietet genau jenes Programm, das Künstler für die Zukunft auszeichnet: Musikalität im Einklang mit dem Unterhaltungsbedürfnis des breiten Publikums.«

Andreas Obst

Aufnahmen unter eigenem Namen:
Lady Bass & Real Gone Guys: That's What We Like, Joke Records JMC 501
Lady Bass & Real Gone Guys: Sneakin' Around, Bellaphon LR 40027
mit der »Barrelhouse Jazzband«:

Barrelhouse Jazzband plays Jelly Roll Morton, Intercord 145038
Barrelhouse Jazzband plays Early Swing, LR 40020
Barrelhouse Jazzband plays The New Orleans Renaissance, LR 40022
Barrelhouse Jazzband plays Duke Ellington, LR 40026

Auf Bildungsreise in die Jazz-Welt: Peter Giger

»Musik ist wie Zaubern. Man macht sie zum Teil verdeckt, das Publikum kann nicht genau verfolgen, was man tut, und ist verblüfft.« Peter Giger sagt diesen Satz so leichthin wie einen anderen, der auch ein wenig philosophisch klingt: »Wer aus der Note schöpft, ist Knecht der Note.« Der Schlagzeuger, der sich vom Dixieland-Trommler zum Freejazz-Experimentator gewandelt hat, zaubert mit Klängen und Geräuschen, die in ihrer Kombination vielleicht einmalig sind.

Peter Giger hat in einem – wie er selbst sagt – »Sammeltrieb« eine gewaltige Anzahl von Perkussionsinstrumenten aus aller Welt angehäuft. Bei Auftritten mit seiner »Family of Percussion« werden die Menge und die Vielfalt geradezu unüberschaubar. Das klassische Jazz-Schlagzeug kommt während dieser Konzerte kaum noch zum Einsatz, Rasseln, sehr unterschiedlich klingende Trommeln, Röhrenglocken, Becken und Tablas bestimmen das Geschehen auf der Bühne, die schon etwa größer dimensioniert sein sollte als für übliche Jazzcombos. Und der Hörer muß sich darauf einstellen, daß er sich nicht entspannt wird zurücklehnen dürfen: Peter Gigers ungemein diffizile Musik verarbeitet neben afro-amerikanischen Einflüssen auch südamerikanische, indische und ostasiatische Elemente. Seine Konzerte, bei denen er oft mit Trilok Gurtu zusammenspielt, einem weiteren renommierten Perkussionisten, laden zu Bildungsreisen im Jazz ein: in zwei Stunden um die Welt.

Den Mitgliedern einer Schweizer Amateurband ist es im Grunde zu verdanken, daß Peter Giger zu einem wichtigen Neuerer im Jazz werden konnte. 1939 wurde er in Zürich geboren und wollte »eigentlich nie Musiker werden«. »Als Bub« bediente er in einer Berner Knabenkapelle zwar die Trommel, lernte auch Akkordeon, Klavier und Trompete zu spielen, aber viele Jahre lang war es sein Wunsch, Maler zu werden. Paul Klee faszinierte ihn, er kannte dessen Sohn und Enkel. Die Trompete bedeutete ihm in diesen Teenager-Jahren sehr viel – »ich hatte die Trompete sogar im Bett bei mir« –, aber seine Ambitionen waren recht gering, was die Combo anbetraf, in der er spielte: »Ich habe das nie richtig ernst genommen.«

Eines Tages dann überredeten die Mitglieder dieser Gruppe Peter Giger, für den Schlagzeuger einzuspringen, der der Band abhanden gekommen war. Schließlich verkaufte er sein Horn, und damit war zwar die Entscheidung noch nicht getroffen, die Musik zum Beruf zu machen, aber das Engagement auf anderen Gebieten wurde zunehmend halbherziger. Die »Tremble Kids« kreuzten seinen Weg, »die damals so gut waren wie die besten Engländer«, und als Charly Antolini 1958 die Gruppe verließ, stieg Peter Giger dort ein. Mit den »Tremble Kids« kam er zum ersten Mal nach Frankfurt, trat im »Storyville« auf und lernte zahlreiche Musiker kennen. Noch immer spielte er Jazz, um sein Studium an der Kunstgewerbeschule in Bern zu finanzieren. Die Mutter wollte, daß Giger »etwas Anständiges« lernt, etwa eine kaufmännische Lehre absolviert. Wie er erzählt, gelang es ihm ohnehin nie, bei seinen Konzertreisen Geld beiseite zu legen.

Die Schweiz hat für ihn im Jazz einen Ausnahmestatus innerhalb Europas. »Eigentlich ist die Schweiz eine Jazzwüste, wenngleich es dort in den fünfziger Jahren sehr viele gute Amateure gab. Alle guten Trommler mußten ins Ausland gehen, wenn sie etwas erreichen wollten.« Wie zur Ehrenrettung seiner Nation fügt er hinzu: »Ich glaube, daß die Schweizer Mentalität dem Jazz entspricht. Viele sind rhythmisch begabt. Das mag von den Bergen kommen, da macht man mit den Augen den Rhythmus, wenn man von einem Berg aus mehrere Täler überblickt.« Die rhythmische Qualität, die erreicht wurde, hält er für erstaunlich, Giger nennt Pierre Favre, Daniel Humair und Charly Antolini als Beispiele. »Auf alle Fälle war da was.«

Bei den »Tremble Kids« wurde es ihm dennoch bald langweilig. Von 1961 bis 1968 spielte er im Orchester von Claude Bolling in Paris, nicht nur Jazz, auch Unterhaltungsmusik: »Das waren fette Jahre.« Ein neues Schlüsselerlebnis war dann die Begegnung mit dem Schlagzeuger von Pharoah Sanders gewesen. Zugleich erlebte er Begeisterung und schlechtes Gewissen »wegen meiner eigenen technischen Unzulänglichkeiten«. Er hatte in Bollings Orchester eine Position, um die ihn viele beneideten, und trotzdem verließ er das Ensemble und ging zurück in die Schweiz. Erst dieser Moment brachte für Peter Giger die Entscheidung für die Professionalität.

Drei Jahre zog er sich zurück, um zu üben und seine Technik zu verbessern. In Bern gründete er die Band »Four for Jazz« mit Isla Eckinger und Joe Haider und unterrichtete von 1969 bis 1972 an der Swiss Jazz School. Er wandte sich dem Free Jazz zu – einer »ur-improvisatorischen Musik, auf die die Schweizer gar nicht standen« – und verließ die Schweiz 1972 erneut. Peter Giger ließ sich in Frankfurt nieder, wo er nach einer Jam Session zusammen mit Gerd Dudek in die Band Albert Mangelsdorffs eintrat: »In den vier Jahren unserer Zusammenarbeit haben wir nur zwei Nachmittage geprobt und auch nie über den Free Jazz theoretisiert. Ich glaube, daß wir mit dieser Musik in Dimensionen vorgestoßen sind, die es früher nicht gegeben hatte. Das kann man nicht, wenn man lange probt.«

Anfangs versuchte Giger, keinerlei rhythmischen Fluß hineinzubringen: »Wir haben alles negiert, jede konkrete Regel, und doch innerlich so geschwungen wie früher. Später bin ich davon abgekommen, richtiger Rhythmus ist schon etwas Tolles.«

So entwickelte sich die Idee von der »Family of Percussion«, deren Titel sich 1975, als die erste Schallplatte (solistisch im Playback-Verfahren) herauskam, noch mehr auf die Instrumentenfamilie als auf einen Musikerzusammenschluß bezog. Längere Zeit dachte Giger freilich noch über eine frühere Erfahrung nach: In Genf hatte er sich mit mehreren Schlagzeugern in einem Keller eingeschlossen und die ganze Nacht lang gespielt. »Ich habe so viele sympathische Schlagzeuger getroffen und es dann immer bedauert, daß ich niemals mit ihnen zusammenkommen würde, wenn nicht etwas geschähe.«

Er tat sich mit mehreren Perkussionisten zusammen und stellte fest, daß dieses Projekt ein Umdenken verlangte. »Das Spiel von vier Schlagzeugern oder Perkussionisten ist sehr schwer zu kombinieren, es gibt dabei andere Verteilungen und Rollenverhältnisse als in üblichen Ensembles. Perkussionsmusik muß relativ streng geregelt werden, und ich würde niemals mit jemandem zusammen auftreten, den ich nicht genau kenne.« Die Besetzung wechselt dennoch recht häufig, und immer wieder verlangen Umstellungen harte Proben.

Peter Giger wohnt inzwischen in Flörsheim zwischen Frankfurt und Wiesbaden, hat eine Stelle an der Kölner Musikhochschule, unterrichtet in der Frankfurter Musikwerkstatt und veranstaltet Workshops unter anderem in Italien. Daneben hat er zwei Schlagzeugschulen

fertiggestellt: Die eine ist eine Rhythmikschule, die auch afrikanische und asiatische Rhythmen einbezieht und »frühere Verdächtigungen und Hypothesen ausräumen will«. Der andere Band stellt auf über 500 Druckseiten das Schlagzeugspiel dar, »die ganze Hierarchie der Schlagverbindungen«. »Ich hatte immer eine pädagogische Ader«, sagt er, »ich wußte schon immer, was ich konnte und was nicht.«

Dieter Römer

AUFNAHMEN

unter eigenem Namen und mit der eigenen Gruppe »Family of Percussion«:

- Family of Percussion, nagara 1010
- Illegitimate Music, nagara 1014
- Giger/Lenz/Maron, Beyond, nagara 1011

Giger/Lenz/Maron, Where The Hammer Hangs, nagara 1015
Family of Percussion, Message To The Enemies Of Time, nagara 1016
Family of Percussion & Guests, Sunday Palaver, nagara 1018
Papa Oyeah Mackenzie & Peter Giger, Africa Meets Europe, nagara 1019
Family of Percussion & Archie Shepp, Here Comes The Family, nagara 1021
Peter Giger Percussion Orchestra, For Drummers Only – Live At Cologne, nagara 1022
Peter Giger Percussion Orchestra, Alone In Cologne, nagara 1023
Albert Mangelsdorff/Wolfgang Dauner/Family of Percussion, Moon At Noon, EMI

mit dem Albert Mangelsdorff Quintett:
Birds Of Underground, MPS/BASF 2121746

mit Volker Kriegel & Spectrum:
Mild Maniac, MPS 2122020

mit Zbigniew Seifert:
We'll Remember Komeda, MPS 2121657

mit der Gruppe »Dzyan«:
Time Machine, Bellaphon 19161
Electric Silence, Bellaphon 19202

mit Eberhard Weber:
Colours Of Chloe, ECM 1042

mit der Gruppe »Four For Jazz«:
A Land Of Dolls, Intercord 743-08
Power Of Nature/Sunday Child, Intercord 28759

mit den Albert Nicholas All Stars:
Featuring Miriam Klein, Europa 413

mit dem Claude Bolling Sextet:
Bolling's Band's Blowing, Philips
Alice Babs, Duke Ellington, Billy Strayhorn – in Paris, Roulette

mit den »Tremble Kids«:
A Night In The Hi-Fi-Studio, Columbia
Wild Bill Davison and the Tremble Kids, A Monday Date In Vienna, Columbia

auf den Sammelplatten:
City Jazz, Frankfurt–Main Streams (mit Albert Mangelsdorff Quartett), Telefunken 628341

Der gute Mensch aus Montevideo: Wilson de Oliveira

»Uruguay ist ein Land mit freundlichen und friedlichen Menschen. Nie wurde von dort aus ein Krieg angezettelt«. Man glaubt es Wilson de Oliveira sofort, ist er doch ein lebender Beweis dafür. Auch wenn er schon seit 1965 in Deutschland lebt, 1976 als Saxophonist und Komponist in die Big Band des Hessischen Rundfunks kam und heute zusätzlich noch als Dozent an der Universität Mainz unterrichtet. Das herzliche südamerikanische Naturell hat er sich erhalten. Daran ändert auch nichts sein Faible für den Karate-Sport, das er mit seinem ältesten Sohn teilt. Nur der schwarze Gürtel fehlt dem Vater von drei Kindern noch. Doch Angst vor einem starken Mann braucht niemand zu haben. Wilson de Oliveira: »Je mehr man von Karate versteht, desto weniger will man davon Gebrauch machen.«

Das mag zunächst widersinnig erscheinen, aber dieser zweckfreie Spaß an der Sache zeigt vor allem seine Suche nach Erfahrungen. Und Erfahrung kommt von er-fahren, worüber Wilson de Oliveira auf dem Tenorsaxophon ein langes Solo spielen könnte. Dem Aufbau der Improvisation könnte ungefähr folgende Geschichte zu Grunde liegen:

Geboren 1945 in Montevideo, beginnt Wilson de Oliveira während seiner Schulzeit mit 14 Jahren Klarinette zu spielen. Durch seinen älteren Bruder kommt er mit dem Jazz in Kontakt und beginnt mit Freunden Aufnahmen der Dutch Swing College Band, von Louis Armstrong und Bix Beiderbecke nachzuspielen. Anfang der sechziger Jahre gründen die Dixieland- und New-Orleans-Enthusiasten einen eigenen Jazz Club. Mit dabei damals: Sergio Mendes und Claudio Roditti. Ein Schlagzeug, ein Baß und ein Klavier stehen im Club für spontane Jam Sessions immer zu Verfügung. Und da in dieser Zeit viele Jazz-Größen auf den internationalen Festivals in Uruguay spielen, kommt es »After Hours«, nach den regulären Konzert-Auftritten der Jazz-Stars, im Club zu lockeren musikalischen Lernstunden für die Nachwuchs-Jazzer aus der lateinamerikanischen Provinz. Zum Schlüsselerlebnis für Wilson de Oliveira wird dort eine Session mit »Little Jazz«, dem vor ein paar Jahren verstorbenen Swing-Trompeter Roy Eldridge. Unter diesem Einfluß verdrängt das Tenorsaxophon mehr und mehr die Klarinette. Dixieland und New Orleans-Jazz weichen dem Swing und dem Bebop. Die Pioniere des modernen Jazz werden zu neuen Vorbildern. Charlie Parker vor allem, aber auch Tenorsaxophonist Dexter Gordon. Vorsichtig werden die alten Standard-Schlager »Honeysuckle Rose« und »Sheik of Araby« langsam im Geiste des Bebop erneuert. Die Jazz-Club-Freunde werden langsam bekannt und können regelmäßig in einer populären Fernseh-Show in Uruguay auftreten.

Doch trotz des wachsenden Erfolgs sind viele von ihnen unzufrieden. Es drängt sie nach Europa. »Dort«, sagt Wilson de Oliveira, »stand für uns die Wiege der Kultur.« Was aber auch mit der speziellen Situation Uruguays zu tun hat. Es ist das »weißeste« Land Südamerikas, es gibt keine Indios und kaum zehn Prozent Schwarze. Dies hat zur Folge, daß die Folklore deutlich von Europa, Spanien vor allem, beeinflußt ist. Noch heute wird deshalb in Montevideo, wie in Kolonialzeiten, der afrikanische Tanz »Candombe« getanzt, auch wenn von der religiös-symbolischen Bedeutung nichts mehr übrig ist.

Kein Zufall also, daß Wilson de Oliveira

1965 zuerst in Madrid landet. Eigentlich aber will er nach London, an die Royal Academy of Music, um dort Klarinette und Komposition zu studieren. Daraus wird aber nichts. Aus Geldmangel scheitert auch noch die geplante Rückreise nach Uruguay. Nach einer kleinen Odyssee durch halb Europa verschafft ihm ein Freund 1968 ein Stipendium für die Musikhochschule in Berlin.

Während die APO gesellschaftliche Mißstände ans Tageslicht zerrt und auf die Straßen geht, fröhnt Wilson de Oliveira in den dunklen Kellergewölben der »Eierschale« und der »Badewanne«, zwei legendären Musikkneipen, der Dixieland-Nostalgie. Daneben spielt er sporadisch in der SFB Big Band, hat eine eigene Gruppe mit Trompeter Carmell Jones, improvisiert mit Saxophonist Leo Wright und jammt mit Star-Posaunist Slide Hampton. Stilistisch variabel umspannt er in seiner Musik zu dieser Zeit fast sechzig Jahre Jazz-Geschichte: vom New Orleans-Jazz bis zum New Thing oder Free Jazz, wie man in Europa diese Musik nennt. Hauptfigur dieser Szene ist Saxophonist John Coltrane. Seine Aufnahme »Crescent« von 1964 nennt Wilson de Oliveira noch heute seine Lieblingsplatte.

Und dieser John Coltrane der mittleren, sogenannten modalen Phase blieb für ihn bis heute der wichtigste Orientierungspunkt. Noch jetzt, über fünfzehn Jahre später, kann er begeistert über den faszinierenden dramatischen Aufbau dieses einen Coltrane-Solos fabulieren, über seine Fähigkeit »in and out«, konventionell und frei, zu spielen. An innovatorischer Kreativität gemessen, findet Wilson de Oliveira heute nur einen Tenorsaxophonisten wirklich interessant: Michael Brecker, den meistaufgenommenen Jazz-Musiker der letzten zwanzig Jahre; zu hören auf mehr als vierhundert Schallplatten von Frank Sinatra über Bruce Springsteen und Joni Mitchell bis zu den Brecker Brothers und seinen eigenen Alben. Von Michael Brecker könne man lernen, wie im Jazz nach John Coltrane Originalität und Eklektizismus gekonnt zu verbinden sind. Man kann zwar nur noch kopieren, aber wenn, dann ohne Absicht. Wie Lester Young, Dexter Gordon oder Charlie Parker mit Akkorden umgehen, wie sie in ihren Improvisationen harmonische Erweiterungen erspielen – davon sei zu lernen. Nicht aber vom bloßen Nachspielen ihrer berühmten Soli.

Die Vielseitigkeit von Michael Brecker sucht auch Wilson de Oliveira.

1974 besinnt er sich musikalisch seiner Herkunft in der Gruppe »Candombe«. Lange vor der heute so populären Latinisierung der Musikszene in fast allen Bereichen versucht er die schwarzen Rhythmen seiner Heimat mit dem modernen Jazz zu verbinden. In Anlehnung an den Latin-Jazz der legendären Dizzy Gillespie Big Band der vierziger Jahre schreibt er 1976 sogar eine Komposition für eine Big Band. »Alloys« heißt das dreisätzige Werk, das 1976 beim Deutschen Jazzfestival in Frankfurt aufgeführt wird.

Um diese Zeit arbeitet er auch mit der Gruppe »Virgo«, nachdem der ursprüngliche Saxophonist Bobby Stern, der Bruder von Jennifer Rush, aussteigt. Zwei Platten, »Four Seasons« und »Lutello«, spielt er mit »Virgo« ein. Seit damals arbeitet Wilson de Oliveira nur noch als Solist, ohne fest in einer Formation zu spielen. Gelegentlich, im Trio mit Perkussionist Dom Um Romao und Bassist Norbert Dömling, sucht er nach einer kammermusikalischen Melange der komplexen Rhythmen Lateinamerikas mit dem improvisierten Jazz. Nicht so expressiv und kantig wie sein argentinischer Kollege Gato Barbieri, mit dem er einst in Montevideo zusammen spielte, sondern eher introvertiert und elegant. Und doch hat er den Tango Argentiniens auch in einigen Kompositionen für das Rundfunk-

orchester verarbeitet, etwa in den »Impressiones Montevidianas«, einem zweisätzigen Werk mit einem Bandoneon-Spieler als Solisten. Auch mit der sechzehnköpfigen Frankfurt Jazz Big Band, die er seit 1986 musikalisch leitet, sucht er die stilistische Vielseitigkeit. Zwar steht die Big Band in der Mainstream-Jazz-Tradition von Count Basie und Thad Jones, doch werden nicht die üblichen Standard-Arrangements verwendet und fast nur eigene Kompositionen gespielt. Auch im Ausland wird für diese Big Band mittlerweile komponiert. So hat Karl Rociska aus Prag für die Frankfurt Jazz Big Band und den Solisten Wilson de Oliveira etwa den »Celebration Blues« geschrieben. Trompeter Conny Jackel, Posaunist Joe Gallardo und die Pianistin Elvira Plenar sind weitere wichtige solistische Stützen der Big Band. Und natürlich ist im Repertoire immer auch Platz für lateinamerikanische Rhythmen.

Die relativ späte Auseinandersetzung mit der Musik seiner Kindheit hat ihn vor zehn Jahren wieder auf seine Heimat neugierig gemacht. Der täglich wahrzunehmende Terror der Militär-Diktatur ließ ihn jedoch ernüchtert von der Urlaubsreise zurückkehren. Die Unterdrückung habe die Menschen in Uruguay verändert. Lebensfreude, erzählt Wilson de Oli-

veira, sei kaum noch zu spüren gewesen. Angst und Furcht beherrschten das öffentliche Leben.
Einen Tag nach dem Gespräch mit Wilson de Oliveira meldet die Nachrichtenagentur AFP eine Amnestie für die Verbrechen der Militärs in Uruguay. In einer Volksabstimmung hat sich die Bevölkerung für eine Straffreiheit der Generäle ausgesprochen. Jazzmusiker sind halt doch manchmal ihrer Zeit voraus. Oder liegt es daran, daß das freundliche und friedliche Naturell dieses Landes selbst die eigenen Schlächter verschont? Ein Volk von pazifistischen Karate-Kämpfern? Wilson de Oliveira bekennt, daß mit zunehmendem Alter auch sein Heimweh stärker wirkt. So widersinnig dies zunächst klingen mag.

Detlev Reinert

AUFNAHMEN
unter anderem mit der Gruppe »Virgo«:
Four Seasons, Bellaphon BAC 2047
Lutello, Bellaphon BAC 2053
mit der Sängerin Rachel Gould:
The Dancer, Trion 3207

Ein Free-Jazz-Rebell der ersten Stunde: Buschi Niebergall

Sich zu verstecken, heißt auch Spuren zu hinterlassen. Wer im frühsommerlichen Frankfurt Johannes Niebergall sucht, wird ihn mit detektivischem Instinkt nach einiger Zeit verzweifelten Suchens in einem kühlen Töpfer-Laden finden. Denn Johannes Niebergall, seit seinem dritten Lebensjahr von aller Welt »Buschi« genannt (warum, weiß wie so oft bei Spitznamen niemand mehr), hat seine Spuren nicht völlig verwischt. Der Free-Jazz-Pionier und Erfinder des freien Baß-Spiels in Deutschland ist kein Aussteiger aus der Jazz-Szene, aber Johannes Niebergall hat sich nach einem Vierteljahrhundert als aktiver Musiker ein wenig aus dem anstrengenden Betrieb zurückgezogen. Er tritt jedoch noch auf, solo oder im Duo mit Schlagzeuger Bülent Ates, meist als musikalischer Kontrapunkt oder Ergänzung zu Autoren-Lesungen. Mit den Schriftstellern Esther Dischereit, Hadayatullah Hübsch, Paulus Böhmer und Harry Oberländer arbeitet er noch immer regelmäßig an einem Lyrik-&-Jazz-Konzept. Schon Anfang der achtziger Jahre hatte ihn der Frankfurter Musikkritiker Wilhelm E. Liefland als Initiator des Nachtstudios Lyrik für gemeinsame Auftritte bei Dichterlesungen gewinnen können. Der Anruf zu diesem Projekt erreichte den Bassisten in einem Hotelzimmer in Südostasien, wo er gerade für das Goethe-Institut unterwegs war. Die interdisziplinären Nächte im Maininger-Keller sind heute längst Legende.

Dort, bei der behutsamen Interaktion mit den gesprochenen Gedichten und Texten, begann für Buschi Niebergall auch der langsame Einstieg in den Ausstieg vom radikalen, freien Jazz. Zu festgefahren, ideen- und konzeptionslos schien ihm diese Musik geworden zu sein. Die freie Improvisationsmusik, die einst alte Formen und Strukturen bewußt kaputtspielte, Harmonien, Melodien und Rhythmen verachtete, war unversehens selbst traditionell geworden.

Johannes Niebergall widmete sich mehr und mehr dem Keramik-Handwerk. Er entwarf und goß neue Formen auf einem anderen Gebiet. Trotzdem sieht er sich noch immer als Musiker. Zu lange ist er schon dabei, um seine Leidenschaft einfach abschütteln zu können. Eine notwendige Atempause, auch wenn mal keine große Geschichte gemacht wird.

Geboren 1938 in Marburg, wuchs Johannes Niebergall in Hofgeismar auf. Als der Vater eine Professur in Marburg für Theologie bekommt, zieht die Familie um. Heimlich, unter der Bettdecke, hört der pubertierende Buschi die Nachtsendungen von »Voice of America« im Radio. Doch zum einschneidenden Erlebnis wird die erste Platte, die er sich kauft: die Charlie Parker All Stars von 1946. Titel wie »Moose the Mooche« üben auf den jungen Gitarristen eine unglaubliche Faszination aus. Diese gebündelte Intensität ist so ganz anders als die geschniegelte Musik aus dem Radio.

Obwohl Buschi keinen Lehrer für sein Instrument hat, beginnt er Mitte der fünfziger Jahre in Schülerbands Tanzmusik zu spielen. Die Stücke bringt er sich über das Gehör bei. Langsam werden die ersten kurzen Improvisationen gewagt. Bei einem Schulfest lernt er einen Trompeter aus Kassel kennen: Manfred Schoof. An Wochenenden geht es öfter ab nach Kassel. Dort spielen beide in den Clubs der Amerikaner. Dort durfte man damals so ziemlich alles spielen, Hauptsache es war tanzbar. Ohne eigenen Hintergrund lehnen sich die Teenage-Jazzer in der Provinz zunächst an amerikanische Vor-

bilder an. Für Buschi Niebergall, der 1956 zum Baß wechselt, sind das vor allem Ray Brown, Percy Heath, Oscar Pettiford und Charlie Mingus.
Im Schlepptau seines Freundes Manfred Schoof geht Niebergall, mittlerweile Medizinstudent, auch nach Köln. Weniger, um dort sein Studium gewissenhaft fortzusetzen, sondern eher, um sich der damals sehr aktiven Kölner Jazz-Szene anzuschließen. Das Orchester von Kurt Edelhagen, damals eine moderne Jazz Big Band, war Ende der fünfziger Jahre dort. Mit Trompeter Dusko Gojkovic, den Tenorsaxophonisten Karl Drevo und Gerd Dudek wurde fleißig gejammt. Eine oft reproduzierte Legende ist jedoch ein Engagement bei Edelhagen selbst oder, daß Buschi Niebergall in Köln Musik studiert habe. Beides stimmt nicht.
Wahr ist hingegen, daß in einer kleinen Kölner Kneipe 1959 sich langsam ein Quartett herausbildete, dessen Musiker später die Grundfesten der Tradition erschüttern sollten: Alexander Schlippenbach, Klavier, Manfred Schoof, Trompete, Jaki Liebezeit, Schlagzeug und Buschi Niebergall, Baß. Nebenbei hat der Bassist seinen ersten professionellen Job bei Saxophonist Klaus Doldinger. Als es aber Jaki Liebezeit zu Pianist Joe Haider nach München zieht, geht Buschi mit, spielt dort ein Jahr im Jazz-Club »Tarantel« und reist 1962 nach Barcelona. Zwischendrin wird auch geheiratet. Viel Zeit bleibt ihm nicht. In dem Club in Spanien muß er jede Nacht bis morgens um vier spielen, aber es kommt auch mal zu einer kleinen Session mit dem katalanischen Jazz-Pianisten Tete Montoliu.
Zurück in Deutschland, landet Johannes Niebergall in Lübeck, wo ihn Gunter Hampel kennenlernt und auffordert, nach Hamburg zu kommen und in seiner Gruppe zu spielen. Doch das Geld ist knapp, zudem wird das erste Kind geboren. Buschi sucht ein solides Fundament, beginnt in Braunschweig ein Psychologiestudium, wohnt aber in Marburg mit seiner Familie. Doch der Mephisto in Gestalt von Gunter Hampel taucht in Braunschweig auf, die Gretchenfrage wird gestellt. Nach längeren Debatten entscheidet sich Buschi Niebergall für die Musik. 1963 wird er Mitglied des Gunter Hampel Quintetts. Es ist das Jahr, in dem das »New Thing«, der freie Jazz, in Amerika seinen Durchbruch erlebt. Vor allem von der Musik Ornette Colemans sind die jungen Musiker beeindruckt. Etwas Neues liegt in der Luft und wird von allen Seiten herangeweht. Johannes Niebergall hört nun zudem die Musik der Zweiten Wiener Schule, Schönberg, Webern, Berg und den jungen Stockhausen. Er versucht immer mehr, den Baß wie ein Melodieinstrument zu spielen. Denn obwohl die Bläser mittlerweile in aberwitzigen Rhythmen improvisierten, blieben die Bassisten an den Viervierteltakt gebunden.
Am 30. Januar 1965 nimmt das Gunter Hampel Quintett mit Alexander Schlippenbach, Manfred Schoof, Pierre Courbois und Buschi Niebergall die Platte »Heartplants« auf, die erste deutsche, ja europäische Free-Jazz-Platte. Damit war das plagiatorische Zeitalter im europäischen Nachkriegsjazz passé, ein neuer Jazz war entstanden.
Doch diese Schlüsselgruppe des deutschen Jazz zerbrach an unterschiedlichen musikalischen Vorstellungen. Schlippenbach, Schoof und Niebergall wollten noch freier spielen. In der ersten europäischen Free Jazz Big Band, dem Globe Unity Orchester von Alexander Schlippenbach, schufen sie sich dieses Forum. Dort und im neugegründeten Manfred Schoof Quartett wurde Niebergall festes Mitglied.
Zudem wollte ihn das Enfant terrible des deutschen Jazz, der Wuppertaler Saxophonist Peter Brötzmann, in seiner Gruppe haben. Die Zeichen der Zeit standen gut. Die Apo-Revolte machte auch vor der improvisierten Musik nicht halt.

Die aggressive, anarchische Musik von Brötzmann, Fred van Hove, Han Bennink und Buschi Niebergall repräsentiert für viele ein Zeitalter des grenzenlosen Aufbruchs.
Bis 1971 bleibt er in dieser Gruppe, steigt dann aber im neuen Albert Mangelsdorff Quintett ein und spielt mit dem Posaunenweltmeister, bis dieser sich 1977 entschließt, keine feste Gruppe mehr haben zu wollen. Ein Jahr zuvor war Buschi nach Frankfurt gezogen. Im Trio mit Schlagzeuger Uwe Schmitt und Baßklarinettist Michel Pilz versucht Buschi Niebergall in den folgenden Jahren weiter, freie Improvisationsmusik zu realisieren. Seit 1983 spielt er jedoch nur noch Einzel-Jobs. Gelegentlich bei Festivals mit der Pianistin Irène Schweizer, mit der Gruppe Nicra oder ab und zu mit dem Globe Unity Orchester.
Insgesamt war für ihn die Entwicklung

der freien Improvisationsmusik kein völlig falscher Weg. Vor allem in einer neuen Organisation des Zusammenspiels, ohne Egoismus, sieht er nach wie vor Möglichkeiten. Im emanzipatorischen freien Jazz demokratische Strukturen durchzusetzen – diese Verantwortung würde ihn schon reizen. Denn ein Weg zurück in die Versklavung durch Partituren und Noten, den kann es für ihn nach der Zeit der totalen Befreiung nicht mehr geben.

Detlev Reinert

AUFNAHMEN

unter eigenem Namen:
- Gerd Dudek/Buschi Niebergall/Edward Vesala, Open, FMP 0570
- Pilz/Niebergall/Schmitt-Trio, Celeste, Trion 3901

mit Albert Mangelsdorff:
- Birds Of Underground, MPS 2121746

mit Alexander von Schlippenbach:
- The Living Music, FMP 0100
- Globe Unity, SABA 15109

mit dem Globe Unity Orchestra:
- 73 Live In Wuppertal, FMP 0160
- 74 Der Alte Mann Bricht . . . Sein Schweigen, FMP S4
- Improvisations, Japo 60021
- Compositions, Japo 60027
- Pearls, FMP 0380
- Jahrmarkt/Local Affair, PO Torch Records PTR/JWD 2

mit dem Gunter Hampel Quintett:
- Heartplants, MPS 2120603

mit dem Manfred Schoof Quintett:
- The Early Quintet, FMP 0540

mit dem Michael Sell Contemporary Music Ensemble:
- Innovationen für 10 Instrumente, MISP 506

mit dem Michael Sell Quartett:
- Jugoslawische Quartette, MISP 507

mit Peter Brötzmann:
- Machine Gun, FMP 0090
- Nipples, Calig 30604

mit dem Marion Brown Quintett:
- Gesprächsfetzen, Calig 30601

weitere Aufnahmen:
- Krzysztof Penderecki, Actions For Free Jazz Orchestra (mit dem New Eternal Rhythm Orchestra von Don Cherry), Philips 6305153

auf den Sammelplatten:
- Born Free – The 12. German Jazz Festival (mit Peter Brötzmann Group), Scout ScS 11
- City Jazz – Frankfurt-Main Streams (mit Albert Mangelsdorff Quartett), Telefunken 638341

Von der Kesselpauke zum Hängetom: Thomas Cremer

Über vierzig ist er jetzt, aber mit sechzig wird er wahrscheinlich auch noch aussehen wie zwanzig. Der Frankfurter Schlagzeuger Thomas Cremer muß wohl wie Dorian Gray zu Hause ein Gemälde haben, das für ihn altert. Der Vergleich hinkt allerdings insofern, als das Dämonische der literarischen Vorlage nicht gerade zu den Charakterzügen des Mannes mit dem unverderblichen Buben-Charme gehört. Dieser und seine natürliche Freundlichkeit haben sicher mit Cremers behüteter und konfliktfreier Jugend zu tun: der Vater in der wissenschaftlichen Datenverarbeitung tätig, heile fünfköpfige Familie, Haus auf dem noblen Lerchesberg. Das ist nun allerdings nicht gerade das Ambiente, aus dem Jazzmusiker normalerweise stammen, denn ein gewisser proletarischer Behauptungswille und eine aggressive Aufsteigermentalität haben dieser Musik stets gutgetan.
Dem Abitur am humanistischen Gymnasium schon mit siebzehn folgte ein ebenso standesgemäßes Jurastudium. Das allerdings dauerte nur ein Semester. Die Musik interessierte Cremer jetzt mehr, was aber noch lange nicht das Verlassen des bürgerlichen Lagers bedeutete. Je vier Semester Musikwissenschaft und Musikpädagogik folgten, und auch als er sich mit zweiundzwanzig entschloß, sich ganz dem Schlagzeug zuzuwenden, war es die Orchesterklasse der Frankfurter Musikhochschule, der er seine Bildung anvertraute. Parallel zu diesem nach sechs Jahren mit dem Diplom abgeschlossenen Studium gab es aber dann mehr und mehr Jazzaktivitäten, und der endgültige Entschluß zum Abschied von Kesselpauke, Triangel und großem Gong in Richtung auf Bass Drum, HiHat und Hängetom reifte nach einem Gastspiel in einem unserer großen Kulturorchester. Die »Dienstauffassung« von Musik schreckte Cremer ab. Spaß am Risiko und Risiko zum Spaß wollte er fortan im Jazz suchen. Schon in der Schulzeit hatte ihm Oscar Peterson gefallen, und gelegentlich hatte er Tanzmusik gespielt. 1968–69 aber waren andere Töne gefragt, nämlich die des Art Ensemble of Chicago, das damals noch nicht seine halbironische Traditionspflege praktizierte, sondern freie Kollektive aus kleinen Motiven und Geräuschen zusammensetzte. Die Frankfurter Jazzmusiker waren immer auf der Höhe der Zeit, und Alfred Harth versammelte im Keller der elterlichen Villa einen Kreis um sich, der eben diesen kompromißlosen Free Jazz probte. Cremer gehörte dazu, und eine fast schon historische Dimension hat es in der Rückschau, daß Manfred Eicher für die zweite Platte seiner neugegründeten Firma ECM diese Gruppe mit dem Namen Just Music aufnahm. Zum damals in Paris residierenden Art Ensemble of Chicago wallfahrteten Harth und seine Leute sogar einmal und wurden gut behandelt.
Seitdem hat sich Cremer langsam und stetig zum Mann für alle Gelegenheiten entwickelt. Filigrantechnik und Anpassungsfähigkeit abseits ideologischer Festlegungen waren und sind Cremers Stärke. Er ist ein Swinger mit Free-Jazz-Erfahrung und der von seinem ehemaligen Lehrer Karl Setzer unerbittlich eingeforderten Detailtechnik des Hochschulabsolventen. Den ganz graden Wirbel auf dem Becken spielt weit und breit niemand so locker wie er. Diese Mischung findet sich nicht so oft auf der Welt. Cremer nahm an den Third-Stream-Experimenten von Michael Sell teil, spielte mit Hans Koller, Peter O'Mara, Anthony Braxton, Benny Bailey, Larry Porter und im

Jazzensemble des Hessischen Rundfunks und wurde 1976 vom Goethe-Institut mit einer Gruppe um Bernd Konrad und Herbert Joos auf Afrika-Tournee geschickt. Am dauerhaftesten war und ist sein Engagement im Quartett von Heinz Sauer.

Nebenher, aber mit wachsenden Zeiterfordernissen, liefen Lehr- und Organisationstätigkeiten. Bernd Konrad, inzwischen zum (in der Bundesrepublik schon längst nicht mehr einmaligen) Jazzprofessor geadelt, heuerte Cremer zunächst als Dozenten und Betreuer der Rhythmusgruppe des Landesjugendjazzorchesters Baden-Württemberg an. Die gleiche Funktion hatte er dann später beim Hessischen Landesjugendjazzorchester, der sogenannten Hessischen Landjugend.

Diese Beschäftigung im Big-Band-Milieu brachte ihn schließlich auf die Idee, selbst eine Big Band zu gründen. Das tat er zusammen mit dem beim Hessischen Rundfunk beschäftigten amerikanischen Altsaxophonisten Harry Peterson 1986. Frankfurt Jazz Big Band heißt die Truppe, die den Rahm von unterforderten Studioprofis und spiellüsternen Studenten im Rhein-Main-Gebiet abschöpft. Wilson de Oliveira ist mittlerweile ihr Dirigent und Cremer ihr Schlagzeuger, Organisator und Arbeitsbeschaffer. Dazu, so sollte man meinen, braucht es die harte Hand, den insistierenden Blick, das offensive Benehmen – alles nicht die Sache von Thomas Cremer. Daß er diesen Job mit lächelnder Miene bewältigt, daß die Wege an den Konflikten vorbei auch zum Ziel führen, darf man ruhig mal ein bißchen symbolisch sehen.

Ulrich Olshausen

AUFNAHMEN
mit der Barrelhouse Jazz Band + Michael Sell Trio mit Heinz Sauer:
Hot And Free, Hot + Free Productions 1 (MISP 503)
mit der Gruppe »Just Music«:
Just Music, ECM 1002
mit Alfred 23 Harth:
4. Januar 1970, Record Tone 2, RS 3000 (Eigenvertrieb)
mit dem New Jazz Ensemble:
Burning Flowers, Bellaphon BLPS 19222
mit der Jürgen Wuchner/Hans Koller Group:
Piece For Mouth, Pläne Jazz G 0042
mit dem Bob Degen Trio:
Hidden Track, Trion 3103
mit der Uli Beckerhoff Group:
Reality, Thein TH 100184
mit dem Heinz Sauer Quartett:
Metal Blossoms, LR 40019
Cherry Bats, enja 5083
mit Emil Mangelsdorff:
Interaction Jazz, Telefunken 623282
auf der Sammelplatte:
Born Free – The 12. German Jazz Festival (mit »Just Music«), Scout ScS 11

Nach Deutschland wegen der Jazzmusik: Bob Degen

Ein Amerikaner in Frankfurt? Das wäre noch nicht ungewöhnlich, denn so viele kamen während des Krieges und danach herüber und gingen irgendwann wieder zurück. Von denen, die blieben, waren die meisten ehemalige Soldaten und einige als Soldaten verkleidete Musiker. Aber von ihnen soll hier nicht die Rede sein, denn Bob Degen kam aus eigenem Antrieb, auf gut Glück. Es klingt sonderbar, doch das Land der unbegrenzten Möglichkeiten, das Mutterland des Jazz obendrein, konnte dem Pianisten nicht das bieten, was er sich vorgestellt hatte.

»Wenn man kein Star ist wie Miles Davis, sind die Aussichten für Jazzmusiker in Amerika schlecht«, sagt er. »Selbst in New York findet man am ehesten Arbeit in der Werbung, in der Tanzmusik oder als Begleiter. Die Clubs bezahlen nur wenig.« Eines Tages, als Bob Degen schon in Deutschland lebte, fragte er einen Mann von der New Yorker Musikergewerkschaft nach dem Stand der Dinge, und er erhielt zur Antwort: »Du kannst gerne zurückkommen und mit uns gemeinsam verhungern.«

Bob Degen, ein warmherziger Mittvierziger mit lachenden Augen und unverkennbarem Dialekt, empfindet auch das deutsche Publikum als sachverständiger. »In New York geht es noch, aber schlimm wird es im Süden, wo die schwarze Musik noch immer nicht salonfähig geworden ist. Jazz wird im Radio von kleinen FM-Stationen vorwiegend mitten in der Nacht gespielt, und das ist ›Piepsjazz‹ wie im Frankfurter AFN.«

Was Bob Degen zur Situation des amerikanischen Jazz sagt, überrascht auch deshalb, weil es einem Mann mit seinen Qualitäten dort eigentlich hätte besser ergehen müssen. Der Sohn eines Gitarristen und einer Tänzerin begann schon mit drei Jahren Klavier zu spielen, den Knopf des Plattenspielers daheim in Scranton, Pennsylvania, fand er schon, als er auf Zehenspitzen kaum an das Gerät heranreichte, und sein Unterricht war vom Feinsten: 1963 graduierte er an der Bostoner Berklee School of Music, seine Lehrerin war Margaret Chaloff – die Mutter von Serge Chaloff –, die auch Herbie Hancock unterrichtet hatte. »Sie war eine charismatische Frau, fast mystisch, eine fanatische Musikerin. Sie hat mir auf meinem Instrument den ›langen Atem‹ beigebracht. Aber es hat mich Kraft gekostet, bei ihr zu studieren; ich habe erst später verstanden, was sie genau gemeint hatte.«

In der Berklee School lernte der Pianist nicht nur zahlreiche Musiker kennen, die später zu Ansehen gelangten, unter ihnen der Vibraphonist Gary Burton, sondern auch einen Berliner, der ihn ohne große Mühe überredete, nach Deutschland zu kommen. Zwar ging Bob Degen zwischen 1966 und 1972 noch einmal nach Amerika zurück und unternahm einige Tourneen mit Mark Levinson, Paul Motian und Buddy de Franco, aber dann ließ er sich endgültig mit seiner deutschen Frau in Sulzbach im Taunus nieder. Sein Start im Frankfurter Raum hätte nicht besser sein können. Albert Mangelsdorff, der bisher selten mit Pianisten zusammengespielt hatte, holte ihn in seine Band, und bald darauf lud ihn das Jazzensemble des Hessischen Rundfunks zu Produktionen ein. Seit 1973 gehört Bob Degen diesem Ensemble fest an. Außerdem gehörte er zur Gruppe »Voices« mit Heinz Sauer, Ralf Hübner, Günter Kronberg und Jürgen Wuchner: Die Combo nahm unter anderen die viel-

gelobte Schallplatte »Für Wilhelm L.« auf, gewidmet dem verstorbenen Schriftsteller und Kritiker Wilhelm Liefland. Zahlreiche Festivalauftritte und Tourneen folgten, mit dem Afrikaner Makaya Ntshoko und dem Japaner Terumasa Hino, außerdem mit Günter Lenz, Leszek Zadlo und vielen anderen. Über fehlende Angebote kann sich Bob Degen nicht beklagen.

Das Spiel von Bill Evans und Paul Bley hat ihn geprägt, seine Kompositionen und Improvisationen verraten Sensibilität und Phantasie. Starke Energie und Feinsinn gehen hier eine Wunschehe ein, und wenn sich Bob Degen auch mehr den traditionellen Stilen als dem Free Jazz verpflichtet fühlt, so kennt er doch offenkundig keine Berührungsängste. Seine Musik ist in den vergangenen Jahren »kompakter« geworden. Der Lyriker von einst, von dem 1976 noch geschrieben wurde, er fühle sich womöglich Robert Schumann näher als der Blue Note, legt nun stärkeren Wert auf Rhythmus. Fast beiläufig bemerkt er, daß ihn auch viele Saxophonisten faszinierten: »Das Saxophon hat größere dynamische Möglichkeiten, während wir nur das Pedal benutzen können. Die verschiedenen Effekte sind sehr reizvoll für mich. Meine Liebe zu diesem Instrument begann mit Charlie Parker.« Zu Hause hat Bob Degen freilich ein Saxophon, und er wünscht sich, ei-

nes Tages einmal richtig spielen zu können. Mit der Elektronik, eventuell sogar mit dem Synthesizer, wird er sich allerdings nicht anfreunden.
In der Zukunft möchte er vor allem sein eigenes Ensemble aufbauen und auch noch mehr komponieren. Doch ganz ohne Druck geht dies selten – wie bei vielen seiner Kollegen: »Ich bin häufig unterwegs und kann dann nicht an neue Stücke denken. Wenn ich zu Hause bin, geht es schon eher, und wenn ich mit dem Rücken zur Wand stehe, vor einem Aufnahmetermin etwa, gelingt es am besten. Es ist ja leider nicht so, daß man friedlich unter einem Baum sitzt, und plötzlich trifft einen der Blitz der neuen Komposition. Ich habe immer Angst, ein Stück eines anderen Musikers noch einmal zu komponieren.«
Bob Degen wirkt zufrieden, und er weiß, obwohl er vielseitig interessiert ist – auch für Politik und Geschichte –, auf Anhieb auch keine Alternative zum Musikerberuf. »Dennoch könnte die Situation für den Jazz in Frankfurt noch besser sein. Es gibt wenige Clubs, man muß herumreisen, wenn man häufig spielen will, oder in vier bis fünf verschiedenen Gruppen spielen. Die Stadt müßte mehr Möglichkeiten bieten.« Sein Credo: »Mit meiner Musik will ich die Leute zur Ruhe bringen, zum Fußwippen und auch zum Lachen. Wenn sie vielleicht von neun bis fünf Uhr gearbeitet haben, brauchen sie abends keine hysterische oder hektische Musik.«

Dieter Römer

AUFNAHMEN
unter eigenem Namen:
- Sequoia Song, enja 2072
- Chartreuse, enja 3015
- Hidden Track, Trion 3103
- Celebrations, Calig 30602

mit der Gruppe »Voices«:
- Rediscover The Beautiful, Mood 22777
- Für Wilhelm E., Trion 3105

mit der Gruppe »Springtime« von Günter Lenz:
- Znel, Mood 23444
- Roaring Plenties, LR 40005

mit Heinz Sauer:
- Isolation Row, EMI MRC 1C 066-45423
- Ellingtonia Revisited, LR 40007
- Blues After Sunrise, LR 40017
- Metal Blossoms, LR 40019
- Cherry Bat, enja 50831 (CD enja 50832)

mit Alfred Harth:
- Melchior, Bi 6240

mit Terumasa Hino:
- Children of the Night, enja 3027

mit Leszek Zadlo:
- Time Emit, EMI 066-32858

mit Adelhard Roidinger:
Schattenseite, ECM 2516
mit Uli Beckerhoff:
Reality, Thein TH 100184
mit Makaya Ntshoko:
Makaya And The Tsotsis, enja 2042
mit der Jürgen Wuchner/Hans Koller Group:
Piece For Mouth, Pläne Jazz G 0042
auf der Sammelplatte:
City Jazz – Frankfurt-Main Streams (mit dem Frankfurt Jazz Ensemble, der Gruppe »Voices« sowie dem Joki Freund Jazztett), Telefunken 628341

Schwarzer Schimmel: Gustl Mayer

Will man ein Bild des Frankfurter Jazz-Saxophonisten Gustl Mayer skizzieren, kommt man nicht daran vorbei, sich kurz bei der Definition der Begriffe »Amateur« und »Profi« aufzuhalten. Die schließen sich nach allgemeinem Verständnis aus. Ein Profi verdient seinen Lebensunterhalt mit seiner Musik, ein Amateur tut dies nicht. Um den Aspekt der Qualität erweitert, versteht man gemeinhin unter einem Profi jemanden, der mit seinem Spiel sein Geld zu Recht verdient, während man den Amateur in der Nähe des Dilettanten ansiedelt.

Unter dieser Voraussetzung muß man Gustav Mayer als einen schwarzen Schimmel bezeichnen: Er ist Amateur und Profi zugleich. Zwar verdient er seinen Lebensunterhalt nicht mit seiner Musik; diese ist aber von solcher Qualität, daß der Außenstehende sich fragen muß, warum er nicht von ihr lebt. Mit dieser Frage ist man schon in der Biographie eines deutschen Musikers, der zwar – mit Albert Mangelsdorff verglichen – weitgehend unbekannt ist, trotzdem aber zum soliden Fundament des deutschen Jazz gezählt wird. »Es gab keine Schublade für das, was ich spielte«, sagt rückblikkend Gustl Mayer. Das zeigte sich schon deutlich 1956 in Düsseldorf bei einem Amateurjazzwettbewerb, wo in den Kategorien Old Time und Modern Jazz jeweils die besten Solisten gekürt wurden. Gustl Mayer spielte weder Dixieland noch West-Coast, sondern Swing: »Ich paßte nirgendwo rein«, erinnert sich der Musiker. Nun durfte aber jener Klarinettist aus der DDR, der im modernen Stil gesiegt hatte, nicht ausreisen, und so kam Mayer unter die Gewinner des Wettbewerbs, die nach Baden-Baden zu einer Fernsehsendung eingeladen wurden. Nichts Neues für ihn, dessen Premiere in diesem Medium schon ein halbes Jahr zurücklag: In der ersten Jazz-Sendung, die es im deutschen Fernsehen überhaupt gab, spielte Gustl Mayer in einer Band neben Chet Baker – verheißungsvoller Anfang einer Karriere, die ihn bald durch die amerikanischen Clubs ganz Europas führte.

Das Tingelleben des freien Jazzers fand ein Ende, als immer mehr arbeitslose Musiker aus den Staaten ihre europäischen Kollegen aus den Bands verdrängten. Mayer, inzwischen verheiratet und Vater einer Tochter, fand kaum noch Gelegenheit zum Spielen. Das Geld wurde knapp, und er kam zu dem Schluß, »daß ein freier Musiker in Deutschland keine Chance hat«. So arbeitete er zunächst drei Jahre lang bei der Polizei im Innendienst, bewarb sich dann beim Hessischen Rundfunk, wo er anfangs im Archiv arbeitete, bis er den großen Schritt zum Musikredakteur machen konnte.

Etwa zehn Jahre später wechselte er zum Fernsehen über; dort gestaltet er unter anderem die Reihe »Swing-Raritäten«. Zwölf Folgen hat er bisher geschrieben. »Musikjournalismus«, sagt Mayer, »ist ein weites Feld, auf dem ich mich gut ausleben kann, wenn ich als Musiker passiv bin.« Dabei war er all die Jahre über auch als Musiker aktiv, nicht nur mit seiner Gruppe »Jazz Stampede«, sondern auch als Gastmusiker bei befreundeten Formationen.

Mayer verfügt über eine enorme anekdotische Insider-Kenntnis und zugleich über ein profundes Wissen um die Geschichte des Jazz. Daß es ihm viel Spaß macht, sein Wissen weiterzugeben und diese Geschichte aufleben zu lassen, ist mit am besten zu beobachten in den etwa fünfzig Musiker-Porträts, die er für Reclams Jazz-Führer geschrieben hat.

Nach seinem eigenen musikalischen

Werdegang befragt, verweist er zunächst einmal darauf, »daß der Swing hierzulande leider ein bißchen unter den Teppich gefegt wird«. Er selbst hat sich mit verschiedenen Gruppierungen in verschiedenen Stilarten geübt – von Old Time bis hin zum Free Jazz –, ist dann aber, von alldem nicht recht befriedigt, zu seinen Anfängen zurückgekehrt, eben zum Swing. Das sei die Stilart, lobt Mayer, in der Vielfalt und Schönheit des Jazz am deutlichsten hervorträten und auch dem Jazz-ungebildeten Hörer begreiflich würden: »Der Swing ist das, was den Jazz ausmacht, und das beginnen selbst die zu ahnen, die's nicht wissen.« Damit spielt er auf das Phänomen an, daß neuerdings wieder ein großes Interesse an Swing besteht. Die Musik, die Mayer seit Jahren macht und die lange nur einen kleinen Kreis Eingeweihter interessierte, ist plötzlich sehr gefragt.

Wie oft spielt er denn nun? Ungefähr viermal im Monat, wenn man einen Durchschnittswert haben wolle, sagt er. Würde er nicht gern häufiger spielen? Nein, antwortet er und fügt hinzu: »Der Tod des Spaßes an der Musik ist die Musik.« Zu Zeiten, als er täglich spielen mußte, habe ihm das Musizieren nicht unbedingt Spaß gemacht. Seine »Doppelexistenz« als aktiver und passiver Musiker sei schon eine ausgewogene Mischung, weil sie den Abstand zum Spielen gewähre.

Wie sieht der passive Musiker, der Musikjournalist Gustl Mayer, den aktiven Musiker, den Saxophonspieler? Prinzipiell gelte für ihn, sagt Mayer, daß der Künstler um so seltener mit sich zufrieden sei, je weiter er auf seinem Gebiet komme. Für ihn selbst, für sein Selbstverständnis sei wichtig, einen bestimmten Ton entwickelt zu haben, an dem man ihn erkenne. Ansonsten sei da seine »Pedanterie« zu erwähnen, um jeden Preis »richtig« zu spielen, so lange zu üben, bis Harmonie erreicht sei. »Man muß für den Jazz sein Bestes kennen, schulen und geben«, sagt Mayer, »sonst braucht man sich gar nicht an ihn heranzuwagen.« Deshalb komponiere er auch nicht mehr, seit er nach kritischer Prüfung seiner Werke habe zugeben müssen, »daß sie nicht einen Deut besser sind als alle existierenden Standards«.

Spätestens hier wird klar, warum Gustl Mayer als Profi zu betrachten ist: Er ist sehr gut, was seine spielerischen Fähigkeiten und Fertigkeiten angeht, und er ist durch und durch integer, was seine Haltung betrifft. Im Sinne seiner Kunst geht es ihm in erster Linie darum, seine Grenzen nicht zu verkennen, um seine Sache zu erkennen und so gut wie möglich sich technisch und musikalisch weiterzuentwickeln. Die Kunst der Auslassung, das weiß Gustl Mayer, besteht darin, sich auf das Wesentliche zu konzentrieren.

Arman Sahihi

AUFNAHMEN

unter eigenem Namen:
- Gustl Mayer's Jazz Stampede, Yellow Cab, LR 40004

mit der Jazz Group Freiburg:
- Piano x 4, Saba SB 15035
- Piano Selection, MPS 12000

mit den »Hotswingers«:
- Dixieland Party, CBS 81258

mit Emil Mangelsdorff:
Swinging Oil Drops, LR 41002
Old Fashion New Sound, Europa E 386
mit der Gruppe »From«:
0611 – Cat Quarter, CBS S 64616
Power On, CBS S 65254
mit den Frankfurt Swing All Stars:
Can't We Be Friends, Joke JLP 219
Jive At Five, LR 40025
auf der Sammelplatte:
City Jazz – Frankfurt-Main Streams (mit der Gruppe »From«), Telefunken 628341

Der Eigenbrötler auf dem Bauernhof: Matthias Frey

Als er drei Jahre alt war, entdeckte ein Onkel zufällig seine Fähigkeit, Tonhöhen stets richtig benennen zu können ... Mit vier Jahren bekam er eine halbe Geige geschenkt ... Der Vater war Kantor an der Kirche St. Michael und unterrichtete seine Söhne schon frühzeitig in Kontrapunkt und Generalbaßspiel. Die stereotypen Legenden hinter klassischen Musikerkarrieren finden offenbar ihre Entsprechungen in den Lebensläufen von Jazzmusikern:

Nachdem sein älterer Bruder die ersten Jazzplatten, Louis Armstrongs Hot Five und Hot Seven, mit nach Hause gebracht hatte, ließ ihn der Klang des Kornetts nicht mehr los ... Der Freund seiner Mutter war Seemann gewesen und hatte eines Tages von einer seiner Reisen eine Conga mitgebracht ... Abends durchstreiften wir Jungs die für uns verbotenen Straßen des Red light district, aus dessen Spelunken eine verführerische Musik drang ... Nein, so nicht! Die meisten Musikerkarrieren beginnen normaler, mit frühzeitigem Unterricht, mit sanftem Zwang durch die Eltern, bis das eigene Interesse erwacht und in eine bestimmte, durch Moden vorgezeichnete Richtung drängt.

Bei Matthias Frey aber, dem am amerikanischen Unabhängigkeitstag des Jahres 1956 in Wiesbaden geborenen Pianisten und Komponisten, stimmt noch nicht einmal das Normale. Gewiß, mit neun Jahren begann er mit Fingerübungen auf dem Klavier. Nach einem Jahr allerdings war die Ausbildung an chronischer Lustlosigkeit gescheitert. Das musikalische Interesse erwachte erst wieder drei Jahre später, als Frey mit einigen Freunden eine Schülerband gründete, seine Repertoirestücke aber selbst schreiben mußte, weil seine mangelnde Ausbildung und unfertige Technik ihn daran hinderten, die gängigen Songs der Hitparaden nachzuspielen.

Das Interesse an Jazz erwachte in ihm eigentlich erst mit dem Aufkommen des Jazzrock und den ersten Soloplatten von Chick Corea. Bis zu dieser Zeit hatte er E-Piano und Hammondorgel eher autodidaktisch erlernt und in ein paar mittelmäßigen Regionalbands mitgespielt. Das Musikpädagogikstudium in Mainz und Frankfurt diente wohl eher zur eigenen Beruhigung; ein Abschluß war offenbar nie vorgesehen. Und Matthias Frey verließ die Universität nach elf Semestern mit dem sicherlich nicht so häufig angestrebten Ergebnis, keinen einzigen Seminarschein erworben zu haben. In der Zwischenzeit jedoch hatte er für sich den Klang des unverstärkten, nicht durch Elektronik manipulierten Konzertflügels entdeckt. Er mietete sich ein Dreivierteljahr lang ein solches Instrument, ging in Klausur und entließ sich selbst aus der Privatschule, zwar nicht mit einem ausgereiften Stil, wohl aber mit einem musikalischen Konzept, das er seitdem verfolgt: eine stark konstruktivistische, ziselierte, auch in den Improvisationen stets kontrolliert wirkende Jazzmusik.

Zu einem charakteristischen Stil, wenn man will, auch: Erkennungszeichen wurde seine Musik, als er den Cellisten Wolfgang Tiepold kennenlernte. Tiepold, erster Solocellist beim Saarländischen Rundfunk und Gendron-Schüler, ein hochbegabter Musiker, der keine Erfahrungen mit Improvisation besaß, verstärkte noch das Konstruktivistische im Stil von Matthias Frey: Die ersten Aufnahmen der beiden – damals noch mit dem Perkussionisten Michael Thierfelder – wirken wie kammermusikalische Wieder-

belebungen des seligen Third-Stream-Jazz von Gunther Schuller.
Allmählich aber gewannen die Duos der beiden Musiker, die nun schon über zehn Jahre kontinuierlich zusammenspielen, eine derartige Komplexität und Sicherheit im Aufgreifen der Ideen des jeweils anderen Spielers, daß alles Akademische, Gedrechselte aus ihren Stücken verschwunden ist: eine kristallklare, immer sinnliche Musik, die sich mit der Verwendung von Samplern, Synthesizern bis hin zur Kirchenorgel aus Möttau bei Weilburg noch großorchestral auftürmt. (Die letzte Schallplatte »Y« ist dafür ein gutes Beispiel.)
Matthias Frey hat keine klassische Klavierausbildung und keine professionelle Jazzschulung hinter sich, hat nie in bedeutenden Jazzbands gespielt, fast nie bei Jam Sessions mitgewirkt, keine Kenntnisse des Standardsrepertoires des Jazz. Auch die Ochsentour der Jazzer, das jahrelange Tingeln durch Clubs, um

sich Repertoire und Routine anzuzeigen, hat er nicht absolviert. Wenn es einen Eigenbrötler in der Szene gibt, dann ist es sicher Matthias Frey, der nur etwa fünfzig Konzerte im Jahr (zum Teil solistisch) gibt, Filmmusiken für das Zweite Deutsche Fernsehen schreibt, ein paar Rundfunksendungen für den WDR produziert, bisweilen für das Goethe-Institut im Ausland unterwegs ist (England, Nord-, West- und Ostafrika) und einmal einen Preis als bester Solist beim Jazzfestival in San Sebastián gewonnen hat.

Das reicht ihm, um mit seiner Frau und zwei Kindern, mit Pferd und Ziegen auf einem alten Bauernhof hinter Wiesbaden zu leben und in einem ehehmaligen Kuhstall seine Themenkomplexe zusammenzustellen. Einen anderen Beruf zur Absicherung zu ergreifen, wie viele seiner Musikerkollegen, ist ihm bisher nicht in den Sinn gekommen. Da setzt er doch lieber Platte auf Platte – wie ein Maurer Stein auf Stein – und wartet, bis das musikalische Gebäude fertig ist: eine nicht alltägliche, aber bemerkenswerte Karriere.

Wolfgang Sandner

AUFNAHMEN
Frey/Tiepold/Thierfelder, Ziyada, Concept CC 001679 (Bellaphon)
Matthias Frey, Onyx, Rillenwerke MF 8206
Matthias Frey/Trilok Gurtu, Sandhya, Rillenwerke MF 8102
Frey/Tiepold/Thierfelder/Lang, Colibry, VeraBra records Nr. 2
Frey/Tiepold, Inversion, Rillenwerke 8308
Matthias Frey, Ohrjazzter, Rillenwerke 8510
Matthias Frey (Solo), Secret Ingredients, Rillenwerke 8611
Matthias Frey, Ypsilon, JL 20831 (Jazzline)

Der Schlagzeuger, der ein Lokführer war: Kurt Bong

Die Entscheidung für Kurt Bong lag nahe: Der erfahrene Schlagzeuger leitet seit einiger Zeit die Big Band des Hessischen Rundfunks. Seit 1969 gehört Bong dem Ensemble an.
»Lokführer und Schlagzeuger, das sind die beiden Berufe, die mein Sohn nicht ergreifen darf«, zitiert Kurt Bong seinen Vater, der bis zum Aufkommen der Tonspur als Stummfilmgeiger in vielen Kinos musiziert hatte. Das technische Interesse hatte sich bei dem in Stolberg bei Aachen geborenen Einzelkind ebenso früh ausgebildet wie das rhythmische Empfinden, und beides nahm offenbar beängstigende Dimensionen an – Kurt Bong erinnert sich lebhaft an Kochlöffel und Töpfe als erste Instrumente. Es folgten mehr oder weniger ambitionierte Versuche am Klavier – die Mutter selbst war Pianistin –, am Baß, auf der Geige und der Klarinette. Schließlich war es doch das Schlagzeug, das die größte Faszination ausübte, und Lokführer wurde Kurt Bong obendrein.
Der Vater spielte vor dem Krieg im Symphonieorchester Oberhausen, später unter anderem in kleinen Big Bands in der Eifel, und dort hatte Bong, der 1952 mit fünfzehn Jahren recht spät zu seinem Hauptinstrument fand, die ersten Auftritte. Etwa um diese Zeit kam er als Lokführeranwärter zur Deutschen Bundesbahn, Musik und Beruf spielten zunächst eine gleichwertige Rolle. »Ich war fasziniert von Kurt Edelhagen und Erwin Lehn, kaufte viele Schallplatten von Charlie Parker und Gerry Mulligan: Es war musikalisch eine sehr aufregende Phase zwischen Bebop und Hardbop, die mich geprägt hat«, sagt der Schlagzeuger.
Nicht nur die Ausbildung an der Musikhochschule in Köln gab den Ausschlag, daß Kurt Bong 1960 bei der Bundesbahn kündigte. Die Engagements wurden immer zahlreicher, die Musiker, mit denen er zusammenspielte, immer renommierter – etwa Hans Koller, Klaus Doldinger und Albert Mangelsdorff. Bei zahlreichen Amateurfestivals gewann er Preise. Nun ließen sich die Termine bald nicht mehr miteinander vereinbaren, Kurt Bong verpflichtete für seine Eisenbahner-Dienste sogar schon Ersatzleute; das nahm er noch in Kauf. Als ihm aber ein Urlaub gestrichen wurde, in dem er in Düsseldorf hätte auftreten sollen, war die Entscheidung für die musikalische Laufbahn gefallen: »Für meine Eltern, die gehofft hatten, ich sei aus dem Gröbsten raus, war das freilich ein Schlag.«
Kurt Bongs Chef bei der Bundesbahn hatte sogar Verständnis und strebte für den trommelnden Mitarbeiter eine dreijährige Beurlaubung an – gewissermaßen, um ihm den Pfad der Tugend noch offenzuhalten. Aber es half nichts. Bong ging nach Berlin, spielte freiberuflich im SFB-Tanzorchester und im SFB-Jazzensemble, daneben mit Ack van Rooyen, Benny Bailey und Fritz Schulz-Reichel, und studierte noch zwei Semester an der Musikhochschule. Dort wurde er aber mit der Begründung hinauskomplimentiert, die Aufgabe des Instituts sei es nicht, Profis auszubilden. Zwei weitere Semester in Köln folgten, außerdem Auftritte mit Wolfgang Dauner in Stuttgart und Schallplattenaufnahmen mit Dieter Reith.
Ein neues Engagement folgte 1964 beim ZDF-Orchester in Hamburg unter der Leitung von Kurt Henkels: »Das Ensemble spielte weniger Jazz«, sagt der Schlagzeuger, »sondern mehr die Gebrauchsmusik für die Bereiche Show, Musical und Operette. Aber das gehört ja dazu.«
Nachdem dieses Orchester bald darauf

aufgelöst wurde, kam Kurt Bong zu dem zweiten ZDF-Orchester unter Max Gregers Leitung nach München. Im renommierten Jazz-Club »Domicile« in der bayerischen Metropole, wo um diese Zeit unter anderen Jan Hammer, Randy Brekker, Benny Bailey und Joe Zawinul spielten, gehörte er mit dem Bassisten George Mraz zur Haus-Rhythmusgruppe. »Die vier Jahre in München gehörten musikalisch zur schönsten Zeit«, sagt Kurt Bong.

Dann aber rief eines Abends 1969 nach einer »Vergißmeinnicht«-Sendung Willy Berking an und machte dem Schlagzeuger das Angebot, nach Frankfurt zu kommen. »Frankfurt war für mich damals der Inbegriff einer Jazz-Stadt, und ich sträubte mich nicht dagegen, die freie Tätigkeit aufzugeben und in einem Orchester einmal relativ sicher zu sitzen. Außerdem verstand ich mich großartig mit dem Bassisten Eberhard Leibling.«

Weiterhin sprang Kurt Bong als »Feuerwehr« in ganz Deutschland ein, wenn irgendwo ein Schlagzeuger fehlte, er pflegte daneben seine eigenen Projekte, etwa die Rockjazz-Combos »From« – mit dem Tenorsaxophonisten Gustl Mayer –, »Candombe« und ab 1982 »BONG«.

»Es gibt Musiker, die ziehen ihre Geschmacksgrenzen so eng, daß sie gar nicht mehr zum Spielen kommen«, sagt der agile Trommler, der sich stilistisch kaum festlegen läßt. »Ich habe früher mehr mit Kraft gespielt, doch ich glaube, mit etwa 45 Jahren eine größere Vorliebe für die Technik bekommen zu haben, und dies nicht um der Brillanz willen. Sie soll als Vehikel dienen, das Wesentliche zu transportieren, das von innen kommt. Wenn man das geschafft hat, erlebt man einen zweiten Aufwind, und das beste Beispiel dafür ist sicher der Schlagzeuger Buddy Rich.«

Als neuer Leiter der HR Big Band betrachtet Kurt Bong zwei Aufgaben als besonders wichtig: »Wir haben einerseits einen kulturellen Auftrag zu erfüllen, wir wollen die Geschichte und den Jazz pflegen und auch auf Festivals spielen. Denn Big-Band-Musik ist ein fester Bestandteil der kulturellen Szene. Daneben müssen wir aber den Gebrauchscharakter dieser Musik berücksichtigen und, selbst wenn wir für die ›breite Masse‹ spielen, dies so gut wie möglich tun. Der kommerzielle Sektor muß abgedeckt werden, das Orchester muß auch einmal auf bunten Abenden spielen. Beide Aufgaben sollten aber qualitativ so gut wie möglich erfüllt werden. Ich werde schauen, was machbar ist.«

Dieter Römer

AUFNAHMEN

mit Wild Bill Davison and The Feetwarmers:
 Wild Bill, Brunswick 87 902 LPBM

mit dem Wolfgang Dauner Trio:
 Jazz-Studio H.G.B.S. Number One, SABA SB 15003

mit Dieter Reith:
 Piano x 4, Saba SB 15035
 Mellow Disco, Intercord INT 160067

mit dem Benny Bailey Orchestra:
 The Balkany In My Soul, SABA 15176

mit der Max Greger Big Band:
- Hot And Sweet, ZDF (Polydor) 109560
- Greger in Rio, Polydor 249112
- Happy Hänschen Klein, Polydor 249209
- Sunshine Starshine, Polydor 2371009
- In The Mood, Polydor 249315

mit der Paul Nero Sound Inc.:
- Nero's Hit Party, Liberty LBS 830501
- Bubble Gum Party, Liberty LBS 832651

mit dem Bob Elgar Orchestra:
- Happening, Selected Sound Stereo 9006

mit The Mayfair Strings, featuring Michael Gols:
- String Tonic, Selected Sound Stereo 9006

mit der Frank Pleyer Big Band:
The Greatest Sound Of Frank Pleyer, MPS 14003
Cadets Happening, MPS 15203
Topless, Hippo 41002
mit Klaus Doldinger:
Blues Happening, Liberty LBS 831671
Doldinger Jubilee, Atlantic ATL 3–60073
mit dem Gordon Ray Orchestra:
Sound For Dancing, Elite Spezial SOLP-303
mit Peter Covent:
Hits A Gogo, Philips 844379
mit den Rosy Singers und dem Orchester David Ordini:
Hits aus glorreichen Zeiten, MPS
mit der Gruppe »From«:
0611 – Cat Quarter, CBS S 64616
Power On, CBS S 65254
mit dem Bedford King Orchester:
Super Hits A Gogo, CBS S 64604
mit dem Kenny Bird Orchester:
Lado's Latin Combination, Altaxon AL 1008
Lado's Latin Combination, Vol. 3, Altaxon AL 1010
mit dem Hugo Strasser Orchester:
Hit-Party des Jahres 2, EMI Electrola 1 C 062-29588
Hit-Party des Jahres 4, EMI Electrola 1 C 066-32077
Die Tanzplatte des Jahres 78, EMI Electrola 1 C 066-32456
mit Pete Tex:
Plays Golden Saxophon Hits, BASF 1722495-3
mit Stephan Sulke:
Stephan Sulke, Intercord INT 160048
Sulke 4, Intercord INT 160127
mit der Main Stream Power Band:
Swing Is Here, MWM Records Stereo 001
Memories In Swing, MWM Records Stereo 002
A Date With Swing, MWM Records Stereo 003
Swing Is In The Air, MWM Records Stereo 004
Holiday For Swing, MWM Records Stereo 006
Highlights In Swing, MWM Records Stereo 007
mit Dieter Reith:
Mellow Disco, Intercord INT 160067
mit dem Hank Jones Trio:
Have You Meet This Jones, MPS 15506
mit Manfred Krug und Peter Herbolzheimer:
Da bist du ja, Intercord INT 160112
mit Helmut Brandt:
Strip Strap, Merco-Bronco-Records MBR 77004
Tip Top, Merco-Bronco-Records MBR 77006
Swing Home, Merco-Bronco-Records MBR 77007
Immer am Ball, Merco-Bronco-Records MBR 77003

mit der Gruppe »Germany«:
Germany, Crystal 064 CRY 32480
mit dem Orchester Rico Galega:
Pearls And Girls, Herkules-Records H 10013
mit John Hendricks:
John Hendricks, enja 4032
mit Candombe:
Königsteiner Burg Jazz Tage, Intermezzo INT 82-0201
mit der Barry Lipman Selection:
La Sega, Selected Sound Stereo 166
auf der Sammelplatte:
Born Free – The 12. German Jazz Festival (mit der Festival Big Band), Scout ScS 11

Ein Gitarrist mit Zeichenstift: Volker Kriegel

Ein Mann mit vielen Talenten: Volker Kriegel, der immer davon geträumt hat, seinen Lebensunterhalt mit Musik und Zeichnen zu verdienen, hat das und noch viel mehr erreicht. Der Künstler, am Heiligabend 1943 in Darmstadt geboren, gilt nicht nur als einer der wichtigsten deutschen Jazz-Gitarristen, sondern hat gleichzeitig auch einen Namen als Cartoonist, Illustrator, Übersetzer, Kritiker, Filmemacher und Erzähler.

Die lustigen Zeichnungen seiner »Kleinen Hunde-Kunde« sind in mehreren Ländern veröffentlicht worden; 1979 entstand in London der Zeichentrickfilm »Der Falschspieler«. Außerdem übertrug Kriegel Ian Carrs Biographie von Miles Davis ins Deutsche und schrieb zahlreiche Aufsätze zu Themen des Jazz. Seit 1983 ist er regelmäßiger Mitarbeiter des Literatur-Magazins »Der Rabe«, wo er beispielsweise mit spitzer Feder die Schwachpunkte der deutschen Jazz-Kritik zu entlarven versucht.

Bei dieser Fülle von Tätigkeiten wundert es nicht, wenn der Künstler beim Gespräch in seiner Wiesbadener Altbauwohnung leichthin erzählen kann, daß er nie zu jenen Zeitgenossen zählte, deren hauptsächlicher Lebensinhalt darin bestand, auf der Bühne zu stehen. Vor allem in den letzten Jahren hat sich Kriegel in der Jazz-Szene rar gemacht. Das lag nicht nur an einer längeren Krankheitspause. Aufträge für Buch-Illustrationen und das Komponieren von Film-Musik beanspruchen ihn zu sehr, um außerdem noch wochenlange Konzertreisen absolvieren zu können.

Trotzdem: Volker Kriegel, der nach dem Abitur zunächst Zeichenlehrer wurde, dann bei Adorno Soziologie studierte und nebenbei als Autodidakt »stufenweise den Übergang zum Berufsmusiker vollzog«, machte seine Abneigung gegen den Dixieland-Jazz zur Tugend: »Ich wollte von Anfang an modernen Jazz spielen.« Zu einer Zeit, als es hierzulande außer Toto Blanke, Siegfried Schwab und Attila Zoller keine Gitarristen gab, die mit den aktuellen Strömungen etwas anzufangen wußten, tauchte er im Dunstkreis des Frankfurter Jazzkellers auf und wurde zum musikalischen Ziehkind von Pionieren wie den Gebrüdern Mangelsdorff, Gustl Mayer, Günter Lenz oder Ralf Hübner. »Wenn einer mal einen Job hatte, hat er mich mitgenommen«, erzählt Kriegel. Dann ging es Schlag auf Schlag: Kriegel spielte an der Seite von Größen wie Ted Curson, Freddie Hubbard und Tony Scott, nahm 1968 am Elften Deutschen Jazzfestival teil und galt fortan als Deutschlands Jazz-Gitarrist Nummer eins. Seine Debüt-Platte »With A Little Help Of My Friends« und das mit Eberhard Weber (Baß), Albert Mangelsdorff, John Marshall (Schlagzeug) und Alan Skidmore (Saxophon) eingespielte Doppelalbum »Missing Link« bescherten ihm vergleichsweise hohe Verkaufszahlen.

Den damals entwickelten Ausdrucksformen ist das Multi-Talent bis heute weitgehend treu geblieben. Und wenn ihm das auch gelegentlich unterstellt wird: Große stilistische Sprünge hat Volker Kriegel nie gemacht. »Durch die Popmusik mit ihren ständig wechselnden Verpackungen ist eine unsinnige Erwartungshaltung entstanden«, erklärt er. Möglichst für jede neue Platte, für jede neue Tournee solle alles ganz anders sein. Doch beim Jazz gehe es nicht in erster Linie um Moden. »Hinter uns liegt eine reichhaltige musikalische Vergangenheit«, stellt Kriegel fest. »Wir haben die vielfältigsten Aus-

drucksmöglichkeiten zur Verfügung. Deshalb ist es heute besonders schwer, originell zu sein.« Um so wichtiger sei es für ihn, die eigene Handschrift konsequenter zu gestalten. »Ich sitze nicht da und überlege, was ich demnächst anders machen soll, sondern wie ich meine Gedanken klarer formulieren kann.« Verfestigung statt Auflösung heißt seine Devise.
Zu dem Streben nach Selbstobjektivierung, die sich über spektakuläre Solisten-Akrobatik erhebt, paßt auch die partnerschaftliche Grundlinie in den verschiedenen Ensembles des Künstlers. Das galt schon 1968, als er sich mit dem amerikanischen Vibraphonisten Dave Pike, dem Bassisten Hans Rettenbacher und Peter Baumeister am Schlagzeug zum »Dave Pike Set« zusammentat. »Wir alle konnten unsere jeweiligen Vorlieben in die Band einbringen«, blickt Kriegel zurück. »Wir spielten jazzige Balladen, Pop-Stücke im Achtel-Rhythmus, Stücke mit freien Passagen; wir spielten ein sehr spezielles Arrangement von Frank Zappas ›Mother People‹, wir spielten Hans Rettenbachers hitverdächtige Melodie ›I'm On My Way‹, aber wir experimentierten auch mit ungeraden Metren und freien Strukturen; zwischendurch wurde immer wieder mal der Blues gespielt und auch Stücke mit konventionellen Jazzharmonien.«
Dieses Prinzip der Gleichberechtigung und Offenheit katapultierte die Gruppe schnell ganz nach vorne: In vier Jahren spielte das »Dave Pike Set« sechs Langspielplatten ein, und 1971 konnte es im Auftrag des Goethe-Instituts eine mehrmonatige Tournee durch Südamerika unternehmen. Ähnlich pluralistisch war das Album »Spectrum« gestaltet, das Kriegel nach der Trennung von Pike mit Eberhard Weber (Baß), Rainer Brüninghaus (Keyboards) und Joe Nay (Schlagzeug) aufnahm. Allerdings ließen sich die unterschiedlichen stilistischen Vorstellungen von Weber und Kriegel schon nach zwei Jahren nicht mehr versöhnen; Kriegel hob 1975 das »Mild Maniac Orchestra« aus der Taufe.
Bislang hatte der Gitarrist stets mit Musikern gespielt, die eindeutig dem Jazz-Lager entstammten. Jetzt versammelte er junge Talente um sich, die nicht mit dem Bebop aufgewachsen waren, wie etwa den Schlagzeuger Evert Fraterman, der vorwiegend in Soul-Bands getrommelt hatte, oder den klassisch ausgebildeten Pianisten Thomas Bettermann. Diese Konstellation schuf eine Ausgangsbasis für spannende Rock-Jazz-Expeditionen, bei denen der aufpeitschende Beat des Funk ebenso selbstverständlich war wie fernöstliche Skalen. Mit dem »Orchester der sanften Verrückten« absolvierte Volker Kriegel neben zwei weiteren Südamerika-Gastspielen für das Goethe-Institut auch eine Tournee durch elf schwarzafrikanische Länder.
Neben solchen Erfolgen ist Kriegel ganz besonders glücklich über das »United Jazz & Rock Ensemble«, das ihm seit 1976 noch eine »zweite Spielwiese zum Ausleben musikalischer Regungen« bietet. Diese kleine Big Band, ein loser Zusammenschluß prominenter Kollegen wie Wolfgang Dauner, Barbara Thompson, Albert Mangelsdorff oder John Hiseman, sieht der Gitarrist als Beispiel für angewandte künstlerische Demokratie und stilistische Offenheit: »Vielleicht gibt es im United Jazz & Rock Ensemble eine musikalische und menschliche Balance zwischen höchst unterschiedlichen Individuen nur deswegen, weil jeder, salopp gesagt, sein Ei bereits gelegt hat, weil keiner unter Beweisnot steht.« Sozusagen als Nebenprodukt dieser »Band der Bandleader« wurde die Schallplatten-Firma »Mood-Records« gegründet, an der auch Volker Kriegel beteiligt ist und bei der seither seine Alben veröffentlicht sind. »Palazzo Blue«, die jüngste, 1987 in Quintett-Besetzung entstandene Produktion rückt stimmungsvolle, leicht

einprägsame und trotzdem hintersinnig phrasierte Melodien in den Mittelpunkt, die zeigen, daß Jazz nicht zwangsläufig mit bizarren Klangexperimenten verbunden sein muß, sondern streckenweise durchaus sentimental daherkommen kann.

Deutlich spiegelt sich Kriegels Mut zur zärtlichen Empfindsamkeit in seiner schriftstellerischen Arbeit wider. Besonders sein satirisches Märchen vom »Rock-'n'-Roll-König«, der immer bei »Satisfaction« aus dem Takt kommt, deshalb das Konzert seiner Hofband verpatzt und sich schließlich mit seiner Gitarre einsam und unerkannt auf den Weg macht, könnte kaum anrührender erzählt sein. Hinter all dem steckt die Sensibilität eines Mannes, der trotz seiner Erfolge nicht aufgehört hat, Widersprüchen nachzuspüren und Schwächen schließlich in Stärke umzumünzen – Monate, nachdem ein sturer Hardrock-Gitarrist das Zepter an sich gerissen hatte, kommt der »Rock-'n'-Roll-König« als Gastmusikant zurück auf sein Schloß und gibt sich gerade durch das verkorkste »Satisfaction« für seine Anhänger zu erkennen, die ihn so lange vermißt hatten.

Thomas Garms

AUFNAHMEN

unter eigenem Namen:

- With A Little Help From My Friends, Liberty LBS 83065
- Spectrum, MPS CRM 874
- Inside: Missing Link, MPS/BASF 3321431
- Lift!, MPS/BASF 2121753
- Mild Maniac, MPS 2122020
- Topical Harvest, MPS 20228274
- Octember Variations, MPS 15495 (Metronome 68147)
- Elastic Menue, MPS 15517 (Metronome 68180)
- House-Boat, MPS 15535 (Metronome 68206)
- Long Distance, MPS 15549 (Metronome 68243)
- Live In Bayern, MPS 68270
- Journal, Mood 25000
- Schöne Aussichten, Mood 28636
- Palazzo Blue, Mood 28662 (auch Mood 33608)

mit dem United Jazz & Rock Ensemble:

- Live im Schützenhaus, Mood 28600
- Teamwork, Mood 28604
- Break Even Point, Mood 28609
- Live in Berlin, Mood 28628
- United Live Opus Sechs, Mood 28642
- Round Seven, Mood 28656

mit dem Dave Pike Set:

- Noisy Silence – Gentle Noise, MPS 15215
- Four Reasons, MPS 15253
- Live At The Philharmonic, MPS 15257

Gibson

Infra Red, MPS 15280
Album, MPS 2120881
Salomao, MPS 2121541

mit Guy Carondel und seinem Orchester/Volker Kriegel und Hans Peter Ströer:
Gitarre und Rhythmus, Biton BIT 2004

mit Emil Mangelsdorff:
Swinging Oil Drops, LR 41002

mit Don »Sugarcane« Harris:
Keep On Driving, MPS 2120755
Got The Blues, MPS 2121283
Keyzop, MPS 68032
Flashin' Time, MPS 68033

mit Johnny Teupen:
Harpedelic, MPS 2120709

auf den Sammelplatten:
Heidelberger Jazztage '73 live (mit der Gruppe »Spectrum«), MPS/BASF 2121913-5
MPS Jazz Concert '69 (mit dem Dave Pike Set), Center CEN 17048
Jazz Gala 77 (mit der All Star Big Band von Peter Herbolzheimer), Telefunken 628438
Stop My Brain!, Stern Musik, MPS 1021688-8
Born Free – The 12. German Jazz Festival (mit der Festival Big Band und dem Dave Pike Set), Scout ScS 11

Mitwirkung bei:
Das Auto Blubberbumm – ein Musical für Kinder von
Dieter Süverkrüp und Wolfgang Dauner, Pläne K 20903

Volker Kriegel veröffentlichte:
Der Rock'n'Roll-König, Verlag Sauerländer 1982
Hallo (Cartoons), Haffmans Verlag Zürich 1982
Kriegels Kleine Hundekunde, Haffmans Verlag Zürich 1986

Außerdem drehte er zwei Dokumentationsfilme für das ZDF:
Montreux – Porträt eines Festivals (1977)
25 Jahre Jazzkeller – ein Frankfurter Jubiläum (1977)

Zeichentrickfilm:
Der Falschspieler (1981)

»Man muß das Ding zum Swingen bringen«: Peter Baumeister

»Goethe war Minister, Benn war Arzt, den Nur-Künstler gibt es noch gar nicht lange – das ist eine romantische Erfindung«, sagt Peter Baumeister, vielleicht der beste schlagzeugspielende Bankprokurist Frankfurts, Hessens, wenn nicht sogar Deutschlands. Die berufliche Beschäftigung mit dem Kommerz und der Jazz nach Feierabend bilden eine schwer vorstellbare Konstellation, denn die meisten Jazzmusiker gelten nun einmal nicht als kühle Rechner.

Für Peter Baumeister, den 1939 geborenen Geschäftsführer einer Kreditbank, stellt das »Doppelleben« indessen kein inhaltliches Problem dar, allenfalls ein zeitliches: »Man kann nicht spontan herumreisen, deshalb gibt es für mich wenige Spielmöglichkeiten. Dennoch hat es für beide Bereiche Vorteile, man tritt in eine andere Welt und schafft sich einen anderen Horizont, was die Bankgeschäfte angeht. Man kann abschalten. Ein Dasein als Nur-Musiker fände ich auch langweilig.«

Der seriöse Herr mit der Brille, deren Gläser oben mit Gold eingefaßt und unten randlos sind, hat jedoch nicht nur den Jazz als musikalische Vorliebe. Besonders die italienische Oper schätzt Peter Baumeister sehr, seine CD-Sammlung ist gut sortiert und ungewöhnlich umfangreich: »Je mehr unterschiedliche Musik man kennenlernt, um so besser ist es; man kann ja auch nicht nur ein einziges Gericht essen. Für mich ist der Jazz die klassische Musik der heutigen Zeit: Emotional, rhythmisch und harmonisch befindet er sich im Gleichgewicht. Insofern wird der Jazz vielleicht sogar unterschätzt.« Daß für Baumeister die sogenannte E-Musik »mit Richard Strauss endet«, mag erklären, daß er »seinem« Stil – dem Hardbop – von Beginn an treu geblieben ist. Der Neuen Musik wie dem Free Jazz kann er nicht viel abgewinnen.

Nachdem ihn der Sender AFN als Schüler für den Jazz begeistert hatte, kam Peter Baumeister eher notgedrungen zum Schlagzeugspiel. »Eigentlich hatte ich Trompete oder Klavier lernen wollen, aber im Unterschied zu diesen Instrumenten braucht man zum Schlagzeugüben kein Schlagzeug.« Gegen den Willen seiner Eltern nahm er Unterricht und besuchte abends und nachts die Konzerte und Jam Sessions im Frankfurter Jazzkeller – was der Karriere an der Schule nicht unbedingt förderlich war. »Es war eine Zeit, als Musiker aufs Geratewohl dorthin gingen und auf eine Gelegenheit warteten, um zu spielen. Zehn Leute standen da manchmal auf der kleinen Bühne, Geld gab es nicht dafür, und wenn ein Amerikaner kam, sind wir vor Ehrfurcht erstarrt.«

Mit achtzehn Jahren, 1958, hatte Peter Baumeister endlich seinen ersten öffentlichen Auftritt. Bald darauf gründete er mit dem Saxophonisten Heinz Sauer ein Trio, wurde 1959 beim Düsseldorfer Amateurfestival zum besten Musiker gekürt und gehörte 1961 der Modern Jazz Group Freiburg und dem Barney-Wilen-Quartett an. Er trat unter anderem mit Chet Baker auf und machte sich dadurch, wie der Prophet, der im eigenen Land zunächst nichts gilt, auch in Frankfurt einen guten Namen. Albert Mangelsdorff und das Jazzensemble des Hessischen Rundfunks verpflichteten ihn, er spielte in den folgenden Jahren auch mit Gustl Mayer, Joki Freund, Franco Ambrosetti und Klaus Doldinger. Seit 1967 verbinden ihn Freundschaft und musikalische Zusammenarbeit mit dem Gitarristen Volker Kriegel.

Als einer der ersten Musiker in Deutschland war er fasziniert von Horace Silver, Art Blakey, Max Roach und Clifford Brown und spielte den neuen treibenden Hardbop – die ruppige Reaktion auf den Cool Jazz. Dieser Stil setzte sich allmählich durch, auch bei Musikern, die vorher »cool« gespielt hatten, und Peter Baumeister war als Schlagzeuger in den sechziger Jahren viel beschäftigt. Als persönlichen Höhepunkt seiner Jazz-Laufbahn sieht er indessen die Auftritte mit dem Dave Pike Set, jener Gruppe um den amerikanischen Vibraphonisten, der auch Volker Kriegel und der Bassist Hans Rettenbacher angehörten. Das Ensemble absolvierte Tourneen durch Deutschland und Südamerika, nahm einige Schallplatten auf und spielte 1971 sogar erfolgreich auf dem Newport Festival. Schon damals liefen der Beruf und die Kunst nebeneinander her. Das eine bedingte das andere nur insoweit, als sich Peter Baumeister mit dem Jazz das Volkswirtschaftsstudium finanzieren konnte. 1969 machte er sein Examen, schloß noch eine Doktorarbeit an und übernahm daraufhin das Amt des Persönlichen Referenten beim Präsidenten der Frankfurter Universität. Nach fünf Jahren trat er in die väterliche Bank ein, und dies besiegelte wohl endgültig den Amateurstatus des Musikers. Seit 1976 veranstaltet Baumeister die sommerliche Jazz-Serie im Innenhof des Historischen Museums mit.

Etwa zehn Konzerte gibt der Schlagzeuger inzwischen im Jahr, aber wenn man ihn dann wieder einmal erlebt, dann hört man weiterhin enorme Antriebsstärke in seinem Spiel. Dabei gibt er seinen Vorderleuten stets den nötigen Rückhalt: »Anfangs war ich als Schrecken mancher Solisten bekannt, aber je älter ich werde, um so gruppendienlicher möchte ich spielen«, sagt Baumeister. Häufig nimmt er sich nun auch in der Lautstärke zurück und bleibt dennoch präsent. Sein Spiel ist federnd, er akzentuiert präzise und vermag unmerklich, aber nachdrücklich zu steigern: »Man muß sensibel sein, das Ding zum Swingen bringen und den Solisten den optimalen Background bieten.« Er freut sich, daß immer mehr junge Musiker nun zum Hardbop finden. Er hofft auf eine noch stärkere Renaissance dieses Stils: »Dann komme ich wieder größer heraus«, sagt er lachend, und man merkt, daß er es so ernst nicht meint.

Freilich behindert ihn sein Beruf bei den musikalischen Aktivitäten, aber seine Ansicht, daß der Konzertbetrieb nun härter ist als noch vor fünfzehn Jahren, ist zweifellos auch richtig: »Die Konkurrenz ist groß. Früher wurde man angerufen, heute muß man selbst für Engagements sorgen; jeder Veranstalter fragt zunächst nach Platten und Plakaten. Um diesen Aufwand zu treiben, habe ich weder die Zeit noch die Lust. Aber man will ja auch nicht immer in derselben Gegend spielen. Die Macht der Veranstalter ist größer als früher, die Gagen dagegen sind immer noch dieselben wie vor vielen Jahren.« Peter Baumeister macht Musik »für ein Publikum, das sich gut unterhalten will« (wie ein Magazin einmal formulierte), und er scheint froh zu sein, daß er sich seiner Kunst dann widmen kann, wenn es ihm Spaß macht: »Ich möchte nicht gezwungenermaßen in irgendeinem Orchester irgendwelchen Tango spielen. Die Glücksmomente, die man hat, wenn es gut läuft, ersetzen nicht die Anstrengung, die das alles kostet.«

Dieter Römer

AUFNAHMEN
mit der Modern Jazz Group Freiburg:
Piano x 4, SABA SB 15035
mit Joki Freund:
Yogi Jazz, LR 41008
Amerika, ich rede dich an – Beat-Dichtung und Jazz, EMI Electrola SME 74215
mit Volker Kriegel:
With A Little Help From My Friends, Liberty LBS 83065
Inside: Missing Link, MPS/BASF 3321431
Spectrum, MPS CRM 874
mit dem Dave Pike Set:
Noisy Silence – Gentle Noise, MPS 15215
Four Reasons, MPS 15253
Live At The Philharmonic, MPS 15257
Infra Red, MPS 15280
Album, MPS/BASF 2120881
mit Gustl Mayer's Jazz Stampede:
Yellow Cab, LR 40004
auf den Sammelplatten:
Born Free – The 12. German Jazz Festival, Scout ScS 11
MPS Jazz Concert 69 (mit dem Dave Pike Set), Center CEN 17048
Internationales New Jazz Meeting auf Burg Altena, IG 21/22

Exzeß mit Vibraphon: Fritz Hartschuh

»Das Fräulein Knudsen aus Norwegen ist an allem schuld, mit ihr begann mein Leidensweg«, sagt Fritz Hartschuh, und schon bevor er zu lachen beginnt, sieht man förmlich den Schalk in seinem Nacken sitzen. Dieser Manager in einem Großunternehmen hat einen köstlichen Humor, seine Episoden aus einem langen Musikerleben können Abende füllen. Er lacht viel und gern, das sieht man auf den ersten Blick und bestätigt sich in den folgenden Stunden.
Fräulein Knudsen aus Norwegen übrigens – um dies nicht zu verschweigen – war eine Schülerin von Edvard Grieg und entdeckte 1937 in Heidelberg das siebenjährige »Wunderkind« Fritz Hartschuh. Nicht nur stundenlangen täglichen Klavierunterricht mußte der Junge in der folgenden Zeit über sich ergehen lassen, sondern er bekam von seiner Lehrerin obendrein eine Notentasche mit runden Bügeln geschenkt – ein Accessoire, das eigentlich für Mädchen gedacht war, wie er und seine Freunde schnell herausfanden. An das Spießrutenlaufen vor seinen Kameraden erinnert sich Fritz Hartschuh mit Unbehagen.
Inzwischen hat sich der Kreis geschlossen: Der Musiker wechselte beruflich von der Nuklear- in die Umwelttechnik und hat seitdem auch mit Bohrinseln vor der norwegischen Küste zu tun. 1964 schon hatte er mit Emil Mangelsdorff die Schallplatte »Swinging Oil Drops« eingespielt, die ihm den Deutschen Schallplattenpreis einbrachte. Aber er hatte noch nicht an das Ölgeschäft gedacht, das nun zu seinem Metier geworden ist. Fritz Hartschuh befaßt sich mit Esoterik und erkennt daher Zusammenhänge, die man ohne weiteres nicht vermuten würde.
Sein Werdegang als Jazzmusiker begann 1945 noch während der Schulzeit mit dem Hören von BBC und »Voice of America« im Radio, mit Peter Kreuder und Blues-Noten aus dem Schrank seines Vaters, des Dirigenten des Heidelberger Orchesters »Neckarperle«. Seine Mitschüler lotsten ihn unter Vorwänden aus dem Griechisch-Unterricht, damit er ihnen »In the Mood« vorspiele, der Direktor tat den Swing als »Negermusik« ab und wurde eines Besseren belehrt: »Man kann nicht die Kultur derer ablehnen, die für die Schulspeisung sorgen«, argumentierte Hartschuh.
1947 traf Fritz Hartschuh in einer Heidelberger Villa mit Musikern aus der Seventh Army Band zu einer Jam Session zusammen: »Der Trompeter Richard Willis spielte dort schon Bebop, und von dem Moment an kam nur noch Bebop für mich in Frage.« Hartschuh war nun häufig in amerikanischen Clubs anzutreffen, er spielte mit einer eigenen Gruppe und Emil Mangelsdorff in der Seckenheimer 519. Car and Truck Company und wurde 1954, während des Volkswirtschaftsstudiums, im Heidelberger Club »Cave 54« als Hauptpianist engagiert, wo Fritz Rau zeitweilig Geschäftsführer war. »Wir spielten mit Milt Jackson, Zoot Sims, stundenlange Stücke mit Lionel Hampton die ganze Nacht hindurch, und einmal klingelte man mich sogar nachts um vier heraus, ich solle kommen: Chet Baker wolle auftreten. Ich spielte die Titel, die mir spontan zugerufen wurden, aus dem Stegreif.«
»Vieles im Leben ist so banal«, sagt Fritz Hartschuh. Zunächst war das Klavier sein einziges Instrument, damit begann auch die Liebe zum Jazz. Aber es ist eine Ironie des Schicksals, daß er dennoch durch sein Vibraphonspiel bekannt wurde, das er niemals »richtig« gelernt hat. »1949 hörte der Bassist unserer Gruppe ein Vibraphon im Radio. Ich ließ mir das Band vorspielen und fand, das klinge nicht schlecht.« Er kaufte von dem

zinslosen Darlehen eines Freundes ein Instrument bei einer Schwarzwälder Firma und lernte wegen der Verwandtschaft zum Klavier recht schnell: »Nur die unterentwickelte linke Hand mußte ich verbessern.«
Aus dem anfänglichen Abenteuer wurde bald echte Liebe, und seit 1956 spielt Fritz Hartschuh in der Öffentlichkeit nur noch Vibraphon. Er gehörte vier Jahre lang dem Wolfgang-Lauth-Quartett an – der Pianist und Komponist suchte Verbindungen zwischen Jazz und Alter Musik, schuf Ballettmusiken für das Mannheimer Nationaltheater und beteiligte sich auch an einer »unglaublich seriösen Sache« wie dem Projekt »Vier Musiker arbeiten über dasselbe Material«, das Lauths Gruppe mit Absicht im Chaos enden ließ.
Über Hamburg führte Fritz Hartschuhs Weg Anfang der sechziger Jahre nach Frankfurt, wo sich bald der Kontakt zur Jazzszene ergab. Joki Freund lernte er kennen, mit dem er auch Free Jazz spielte, ohne sich dabei sehr wohl zu fühlen, zu Gustl Mayer hält er engen Kontakt, er nahm Schallplatten mit ihm auf und gehört weiterhin zu dessen Frankfurt Swing Allstars. Außerdem hat er sein eigenes Bebop- und Hardbop-Quartett, in dem Peter Baumeister am Schlagzeug sitzt. An einigen Frankfurter Jazzfestivals nahm er teil, landete in den Sechzigern sogar einmal bei der Wahl zum Musiker des Jahres auf dem zweiten Platz hinter

Albert Mangelsdorff und gehörte viele Jahre zum Jazzensemble des Hessischen Rundfunks.
»Der Jazz besaß für mich immer einen hohen Stellenwert, und zum Teil habe ich sogar meine berufliche Orientierung am Jazz ausgerichtet. Ich wäre etwa niemals nach Aachen gezogen, weil man dort kaum spielen kann«, sagt der Vibraphonist, der in den kommenden Jahren seine musikalische Tätigkeit sogar noch erweitern will. »Ich möchte das zustande bringen, was man nur schaffen kann, wenn man viel zusammenspielt, ein schlafwandlerisches Zusammenwirken. Bestimmte Dinge müssen einfach von der Hand gehen. Man bekommt das Instrument ›gehörmäßig‹ anders in den Kopf, wenn man mehrmals in der Woche spielt.«
Es müsse swingen, Spannung entstehen, meint Fritz Hartschuh, der bei seinen Auftritten technische Brillanz, Sensibilität und Ausdruckskraft verbindet und von einem in über fünfzig Jahren gesammelten musikalischen Erfahrungsschatz profitiert. Einmal spielte er im Jazzkeller zwei »Sets« lang ausschließlich Stücke von Thelonious Monk und Horace Silver.
»Ein Jazzmusiker muß auch eine Art Showmanship haben«, sagt er und meint damit, daß der gestische und mimische Ausdruck, der seine Konzerte auch zu einem optischen Vergnügen macht, manchmal so wichtig ist wie die Musik selbst. Zuweilen gipfelt dies bei Fritz Hartschuh sogar in einer Art von Exzeß, die man sonst von Rockmusikern kennt: »Bei einem Auftritt mit Volker Kriegel einigten wir uns einmal darauf, einen besonders starken Höhepunkt zu produzieren – da warf ich im entscheidenden Moment einfach mein Vibraphon von der Bühne.« Bei einem Menschen, der so tief in seiner Kunst verwurzelt ist, mag es verwundern, daß er über all die Jahre »nur« Amateur geblieben ist: »Mir selbst hat sich nie die Frage gestellt, ob ich Profi werden sollte. Sie wurde aber von anderer Seite immer wieder an mich herangetragen.« Zu Hause in Götzenhain spielt Fritz Hartschuh auch noch Klavier – Mozart-Sonaten, das wohltemperierte Klavier, Chopin-Etüden.

Dieter Römer

AUFNAHMEN
unter eigenem Namen:
- Autumn In Europe, MCE ST 37822

mit den Ensembles von Wolfgang Lauth:
- Durch Jazz wird diese Welt erst schön, Telefunken UX 4804
- Der bunte Jazzballon, Telefunken UX 4901
- Jazz-Picknick, Telefunken UX 4885
- Schwetzinger Original, Telefunken U 45982
- Lauth-entic, Telefunken UX 4731
- Präludium in Jazz, Telefunken UX 4853
- Jazzkantate »Denn Liebe ist stark wie der Tod«, SABA SB 2004
- Play Barock, Telefunken BLE 14339
- Wolfgang Lauth Quartett, Cetra/SFC 190

mit dem European Jazz Quartet:
- New Jazz From The Old World, Pulse 3001

mit den Frankfurt Swing Allstars:
  Frankfurt Swing Allstars, Bellaphon LR 40025
mit Emil Mangelsdorff:
  Swinging Oil Drops, LR 41002
auf den Sammelplatten:
  Born Free – The 12. German Jazz Festival (mit der Festival Big Band), Scout ScS 11
  City Jazz – Frankfurt-Main Streams (mit dem Joki Freund Jazztett) Telefunken 628341

Idee von kollektivem Spiel: John Schröder

In den Himmel schießen in der Jazz-Metropole nicht nur die Wolkenkratzer aus Beton und Eisen, sondern auch die musikalischen Nachwuchs-Monumente aus Fleisch und Blut. Der Gitarrist John Schröder – immerhin fast an die Zwei-Meter-Grenze stoßend – ist als Mittzwanziger der Jüngste aus dem sogenannten Frankfurter Triumvirat der Saiten-»Wunderkinder«. »Sicher, wenn von Torsten deWinkel oder Michael Sagmeister die Rede ist, dann fällt da irgendwo auch mein Name, aber eigentlich bin ich eher das Stiefkind in den Medien.« Kein Wunder, ist doch sein Auftreten so bescheiden unprätentiös, zurückhaltend und fast schon scheu, daß es sich gängigen Vermarktungsstrategien und dem Blitzlichtgewitter geradezu widersetzt. Doch das graziöse Funkeln von Schröders Hochbegabung wurde von selbst zum Blitz. Im Zenit seiner bisherigen Laufbahn steht die Begegnung mit dem legendären Trompeter Chet Baker in der NDR-Studio-Band, deren Gitarrist immer mal wieder John Schröder heißt.

Wenige Monate vor seinem Tod spielt Chet Baker im Frankfurter Jazzkeller. Zu Schröders eigenem Erstaunen bittet der Magier des goldenen Horns zu Beginn des Konzertes einen jungen Frankfurter Gitarristen, von dem er annimmt, daß er sicherlich im Publikum sei, auf die Bühne zu kommen und mit ihm das Konzert zu bestreiten. »Das war ein Flash«, meint Schröder heute. Obwohl Chet Baker dem jungen Gitarristen vorher nur zwei- oder dreimal begegnet war, erinnerte er sich genau an Schröders phänomenales Einfühlungsvermögen, seine Fähigkeit, die lyrisch-butterweichen Sounds des Horns mit verblüffend schönen Melodielinien geschmeidig zu umgarnen, sie in einen Teppich von sparsamen harmonischen Akzenten zu verweben. Chet Baker, der Grandseigneur schrulliger Introvertiertheiten mit einem Gesicht, von Rauschgift zerfressen und von Furchen gezeichnet, hatte offenbar in dem jugendlich glatten John Schröder mehr gefunden als nur einen versierten musikalischen Begleiter. Ist doch der Nachwuchskollege ähnlich zartfühlend, versonnen und introvertiert wie der weiße Prinz der Trompete selbst. Geblieben ist von dieser musikalischen ›Love-Affair‹ – außer beflügelnden Erinnerungen für Schröder – das Chet-Baker-Album »My Favourite Songs/The Last Great Concert« mit der NDR-Studio-Band und Schröder an der Gitarre.

Angefangen hat alles vor über zehn Jahren, als John der Ausstrahlung einer Versammlung seiner Namensvettern offenbar nicht widerstehen konnte. Noch an der Hand seiner jazzbegeisterten Mutter Shirley hört John auf dem Frankfurter Jazz-Festival die Gitarristen John Scofield, John McLaughlin und John Abercrombie. »Von da ab war der Hammer gefallen« für den damals Vierzehnjährigen, der da schon fast ein halbes Jahrzehnt eine klassische Ausbildung auf Gitarre und Klavier am Konservatorium genossen hatte. Weitgehend autodidaktisch erarbeitet sich Schröder das Rüstzeug für seine Laufbahn als professioneller Jazzmusiker; über den Jazzkurs des Frankfurter Saxophonisten Christof Lauer war er schnell hinausgewachsen. Längst war die Schule geschmissen und der junge Gitarren-Virtuose mehrfach preisgekrönt, als Schröder mit siebzehn Jahren sein Debut-Album »Landscapes« herausbringt. Auf dem spielt er alles selbst: sein eigentliches Instrument, die Gitarre, elektrisch und akustisch, dann das Piano, den Elektro-Baß und Schlagzeug. Im Overdubbing-Verfahren mischt sich Schröder hier unter seine elegischen Ge-

sänge auf der Gitarre seine eigene Begleitung. Eine sehr stille, gedankenverlorene, assoziatives Hören beflügelnde Musik, die an den frühen Pat Metheny oder auch an Keith Jarrett-Einspielungen erinnert, aber kaum an den John Schröder, den die meisten Frankfurter kennen. Mittlerweile ist das Album zu einer Rarität geworden, und Schröder glaubt sogar, nicht einmal er selbst besitze es. Seine Mutter Shirley – hingebungsvolle Sammlerin von Jazz-Platten, akribische Archivarin jedes auch noch so kleinen oder großen Schrittes in der Erfolgsleiter ihres Sohnes und auf ihre einmalige Art die vielleicht durchschlagkräftigste Promotion-Agentur, die für einen Jazzmusiker vorstellbar ist – kann stolz eine wenn auch mittlerweile etwas rumpelnde und knacksende Scheibe des Frühwerks ihres Sohnes vorweisen.

Mit seinem ehemaligen Lehrer Christof Lauer, »ein sehr großes Vorbild, eine Inspiration«, wie Schröder sagt, spielt er seit Jahren immer wieder Hard-Bop-orientierten Straight-Ahead-Jazz. Ab und an schaukeln sich auf Schröders Platte »Deep Well« zusammen mit Christof Lauer die rasenden Single-Noten-Linien auf, aus dahinperlenden, elektrisch rauhen Jazz-Riffs werden zuweilen kantig-spröde Splitter aus der Ecke des Rock oder Punk. Wenn auch gerade die langjährige Zusammenarbeit mit dem Schlagzeuger Klaus Weiss einen besonders Bop-orientierten Schröder unterstellen mag, puristische Monogamie ist nicht sein Fall. Ihn nervt »das wahnsinnig Konservative, das viele ältere Jazzmusiker an den Tag legen, die die Bebop-Tradition nur verwalten und ja keine Einflüsse von außen eindringen lassen wollen. Das wirkt einfach tot auf mich. Bebop war für mich wichtig zum Lernen, ein wichtiger Grundstock, aber er ist für mich keine Lebensauffassung, kein Bollwerk.« Und wer gedacht hat, der junge Saiten-Künstler antworte auf die Frage nach seinen Gitarren-Idolen mit Namen wie Wes Montgomery, Joe Pass oder Charlie Christian, der irrt. Ein solches Idol gibt es nicht. Und wenn doch, dann heißt es John Coltrane.

»Ich versuche schon länger den Klang eines Blasinstrumentes auf die Gitarre zu übertragen, diese Flüssigkeit, diese Vielfalt an Ausdrucksmöglichkeiten, die ein Bläser besitzt.« Elektronische Hilfsmittel hierfür, wie zum Beispiel Gitarren-Synthesizer, sind ihm allerdings eher suspekt. »Die ganze Elektronikabteilung kann unheimlich schnell zu einer Einheitssuppe werden«, meint Schröder, zu einer Uniformität führen, bei der die Fassade stimmig und eindrucksvoll wirke, hinter der sich dann aber meist überhaupt keine lebende Substanz mehr befinde. Effekthascherei ist ihm völlig fremd.

Fast wirkt er für sein Alter ein bißchen zu reflektiert, wenn er in seiner kleinen Wohnung im Frankfurter Gallus-Viertel in der Küche sitzend über seine musikalischen Vorstellungen sinniert: »Überhaupt hat die Gitarre als solches für mich in der letzten Zeit nicht mehr diesen Stellenwert. Ich hole mir meine Inspiration von Bläsern, von Pianisten und von Schlagzeugern.« Nach dieser Offenbarung ist es dann auch nicht mehr ganz so verblüffend, daß John Schröder in einigen Formationen seine Gitarre nicht ein einziges Mal in die Hand nimmt. So saß er im Trio seines von ihm verehrten Freundes Heinz Sauer schon oft am Schlagzeug. Die Begeisterung für das Trommeln ist ein Relikt aus Johns früher Kindheit, sein früh verstorbener Vater war Jazz-Schlagzeuger. Der Keller seines Elternhauses in Eschborn bei Frankfurt hat deshalb wohl eindringlicher den Schlagwerker John Schröder kennengelernt als den Gitarristen. Hier frönte John häufig dem Genuß der musikalischen Verausgabung und Entladung an der ›Schießbude‹, ein »naturgemäß stärker physisch ausgerichtetes Musizieren« als auf der Gitarre. Und diese Begeisterung ist nicht erloschen. Erst vor kurzem absolvierte Schröder an der Internationalen Sommerakademie in Salzburg einen Schlagzeug-Kurs bei Tony Williams.

Die instrumentale Omnipotenz des Gitarristen, Pianisten und Schlagzeugers – John beglückte in seiner frühen Jugend die Felder und Auen um Eschborn auch mit afro-amerikanischen Heimatklägen aus Trompete und Saxophon – erscheint ihm ganz normal; wohl auch ein Indiz für einen Vollblutmusiker. Die Zukunft soll verstärkt dem Komponisten Schröder gehören. Er strebe es an, »mehr in längeren musikalischen Bögen zu denken, in größeren, als ein Solist das normalerweise tut«, wenn er alles zu Musik macht, was gerade seinen Körper durchströmt. Diese »Art zu denken« sei notwendig weiterzuentwickeln, um die »musikalischen Ideen besser aufs Papier bringen zu können«.

Begegnungen mit Clifford Jordan, Randy Brecker, Terumasa Hino, ausgedehnte Konzerttourneen, unter anderem nach Indien, diverse Preise und Auszeichnungen, Dozententätigkeiten in Remscheid, Hamburg, Frankfurt und Hilversum, Gast-Einspielungen bei verschiedenen Rundfunk-Anstalten, so auch mit dem Jazzensemble des Hessischen Rundfunks, das junge Allround-Talent hat schon mehr hinter sich als so mancher Berufskollege nach Abschluß seiner

Laufbahn. Das hat keineswegs zu blasierten Zielen geführt: Der Weg ist Ziel für Schröder, die Vervollkommnung seiner Empathie, »sich einzufühlen in seine Mitmusiker, aufzunehmen und im richtigen Moment die richtigen Sachen zu geben«. In diesem Sinne fühlt er sich auf dem richtigen Weg mit seiner neuen Trio-Platte mit Dieter Ilg am Baß und Wolfgang Haffner am Schlagzeug. Die Offenheit der Trio-Besetzung, orientiert an den jüngsten Trio-Einspielungen von Keith Jarrett, lasse genügend Raum für seine »Idee von kollektivem Spiel«. Von bittersüßer Melancholie ist hier Schröders warmer, obertonarmer, zuweilen dumpf-verwaschen singender Gitarrenton. Seine Linien sind höchst organisch verwoben im zartgliedrigen Teppich von Baß und Schlagzeug. Bedächtiges Setzen des richtigen Tons zur richtigen Zeit, virtuos verschachtelte Melodiebögen, die Steigerung der perlenden Linien zu furioser Rasanz, das Verwachsen swingender Eleganz mit rockender Attacke, alles im traditionell akustischen Sinne vornehm verhalten, das sind nur einige Facetten traumwandlerischer Dynamik, die die Interaktion des Trios kennzeichnet.

Improvisation ist für Schröder nicht das Ziehen von irgendwelchen wirkungsvollen Schubladen, sondern das wirklich spontane Erfinden von Linien, die Transformation von Gefühl in Musik, das Kreieren von Klängen im kommunikativen Prozeß. Da scheint der junge Schröder wirklich beseelt zu sein vom Gedankengut aus vergangenen Jazzer-Tagen. Wahrlich überraschende Ansichten im Zeitalter der glatten Fassaden, des möglichst makellosen äußeren Designs, der bestechenden vordergründigen Effekte: »Das Einzige, was für mich bei einem Auftritt zählt: Daß die Leute einfach merken, man will jetzt nichts zeigen, also von A bis Z jetzt einfach ablassen, was man draufhat, sondern daß man mit seiner Gruppe zusammen Musik macht, echte Kommunikation stattfinden läßt, sich sogar angreifbar macht, vielleicht sogar Sachen zuläßt, die eben gerade nicht in das perfekte Konzept passen.«

Guenter Hottmann

AUFNAHMEN

unter eigenem Namen:

- Landscapes, Portobello PB 3209 (Zweitausendeins)
- Deep Well, Trion 3210
- Dieter Ilg/John Schröder/Wolfgang Haffner, Mood 33629

mit Klaus Weiss:

- Salt Peanuts, Jeton 1003325
- Lightnin', Jeton CD 119/1
- Klaus Weiss featuring Clifford Jordan, Jazzlin 20830

mit Chet Baker:

- My Favorite Songs/The Last Great Concert, enja 5097

Sprengsätze des Gefühls: Heiner Goebbels

Man könnte ihn dadurch charakterisieren, daß man alle eindeutigen Charakterisierungen unterläßt. Er ist ein Pop-Artist, ein Jazzmusiker, ein Post-Punk-Virtuose, ein E-Avantgardist, ein Disco-Fan ... Er ist alles zugleich und nichts von alledem – ein Mann ohne Eigenschaften mit vielen Qualitäten. Heiner Goebbels ist ein Grenzgänger aus Passion, einer, der sich an den Rändern verschiedener Stile bewegt, der seine Phantasie in den Grauzonen zwischen den ehemals getrennten musikalischen Genres schärft. »Ich halte Prince gegenwärtig für spannender als Free Jazz und finde, daß alle Innovationen zum Beispiel in der Disco-Musik viel aufregender sind als sämtliche Neuerungen im Bereich der sogenannten Ernsten Musik.«

Das heißt nicht, daß der noch nicht vierzig Jahre alte Frankfurter der Beliebigkeit und dem Eklektizismus in der zeitgenössischen Musik das Wort reden würde. Das Gegenteil ist der Fall: Seit seinen aufrührerischen Aktionen mit dem »Sogenannten Linksradikalen Blasorchester« Mitte der siebziger Jahre hat Heiner Goebbels seine musikalischen wie politischen Ansprüche zunehmend differenziert. Alles, was nach vorschneller Ideologiekritik und eingängiger Botschaft klingt, wird heute von ihm in vielschichtigen Strukturen gebrochen. Künstlerische Wahrheit macht er von der Komplexität ihres Ausdrucks abhängig. Deshalb wohl fiele es ihm schwer, heute noch einmal eine unmittelbar »politische« Aussage wie mit dem Stück »Berlin, Q-Damm, 12. 4. 81« zu machen, einer explosiven Wort-/Klang-Collage mit O-Tönen von einer Berliner Hausbesetzerdemonstration. Heiner Goebbels arbeitet heute unideologischer, weil er weiß, daß Lernprozesse und Erfahrungsweisen komplizierter sind als der Verkauf von Ideologie. »Die Politik einer Musik entscheidet sich nicht an ihrer Propaganda, sondern an ihrer Konstruktion.«

Ob in den preisgekrönten Hörspielen »Verkommenes Ufer« und »Die Befreiung des Prometheus« oder in seiner szenischen Aktion »MAeLSTROMSÜDPOL« – immer entstehen exakt kalkulierte Klangräume, in denen die Phantasie aufblüht und politische Assoziationen wachsen. »Meist ist ein inhaltliches Konzept Motor meiner musikalischen Arbeit. Das heißt, ich weiß konzeptionell ziemlich genau, was ich erreichen möchte. Die Exekutionsphase der musikalischen Feinarbeit ist dann der kleinere Teil.«

Zumeist entzünden sich die inhaltlichen Konzepte von Heiner Goebbels an Texten. Ihn interessieren keine gradlinigen Erzählstrategien, sondern poetisch/politisch verwickelte Erlebnismodelle. Die Sprachszenarien des DDR-Dramatikers Heiner Müller liefern ihm seit Jahren den Stoff für seine musikalischen Visionen, so auch jüngst für sein Hörspiel »Wolokolamsker Chaussee«. Hämmernde Elektrogitarren der Speed-Metal-Band »Megalomaniax«, die inbrünstigen Gesänge des »Kammerchors Hombach« wie auch die Rap-Attacken der Hip-Hop-Gruppe »We wear the crown« – durch solche extremen Konfrontationen unterläuft Heiner Goebbels musikalisch den latenten Lehrstückcharakter der Sozialismus-Geschichten. Nicht die illustrative Verdoppelung interessiert ihn, sondern eine dem Text gegenüber widerständige Musik, die sich produktiven Reibungen aussetzt.

Paradigmatisch für diese Arbeitsweise steht vielleicht »Der Mann im Fahrstuhl« – ein narratives Konzert, das 1987 beim 1. Internationalen Art Rock Festival Frankfurt uraufgeführt wurde und inzwischen auch auf einer ECM-Schallplatte erschienen ist. Mit seinen inszenierten musikalischen Bildern ist es den dramaturgischen Gesetzen eines Theaterabends oder eines Films nicht unähnlich. Die Organisation verschiedener Sprachebenen – es geht um die Zwänge, Einbildungskräfte und Obsessionen eines Angestellten auf dem Weg zum Chef – verbindet sich mit der kalkulierten Collage aus Rock, Jazz, Folk und Neuer Musik beim Hörer zu einem quasi organischen Ganzen.

Unterstützt von musikalischen Mitstreitern wie Don Cherry, Arto Lindsay, Fred Frith, Peter Hollinger, neuerdings auch von Peter Brötzmann oder dem kanadischen Gitarren-Tüftler Rene Lussier, gelingen Heiner Goebbels künstlerische Konfrontationen. Sie verweigern sich einem bloß kulinarischen Genuß, gehorchen vielmehr einer provokanten Architektur der Leidenschaften.

Gibt es bei so viel musikalischem Kalkül überhaupt noch eine Nähe zum Jazz, eine Liebe zur Improvisation? »Ich begreife den Jazz vor allem als Energiepotential, nicht als struktur- oder musikbildend. In der aus dem Jazz kommenden Spielhaltung sind für mich noch Momente von Intensität und Expressivität erhalten, die in 98 % der anderen Musikkultur aus Gründen der Praktikabilität längst entfernt wurden. Natürlich ist es ganz schwer, diese Eindringlichkeit und diese Expressivität unabhängig vom historischen Formenkanon des Jazz, von seinen Spielbedingungen zu gewinnen.«

Dabei vertraut Heiner Goebbels nicht zuletzt bei seiner Arbeit im Studio an Synthesizern und Musikcomputer auf die Mittel der Improvisation, weil er sehr musikantisch – learning by doing – seine Musik entwickelt. In einem zweiten Schritt untersucht er die gewonnenen Elemente, um sie von aller Redundanz zu reinigen. Durch solche »überarbeiteten Improvisationen« sind viele seiner Film- und Theatermusiken für Hans Neuenfels, Claus Peymann, Helke Sander und andere entstanden.

»Mein Interesse an den musikalischen Ergebnissen, die mir vorschweben, wird immer präziser.« Kein Wunder, daß seine erste reine Kompositionsarbeit für das »Ensemble Modern« – als Ballettmusik für Amanda Millers Stück »Red Run« wurde sie 1988 während eines New York-Gastpiels des Frankfurter Balletts zu einem großen Erfolg – den Tanzszenen zuallererst ein musikalisches Formenangebot liefern wollte. Biographie & Konsequenz: Über Jahre hatte Heiner Goebbels zusammen mit Christoph Anders in der Frankfurter »Batschkapp« die Reihe »Materialausgabe« organisiert. Der Reichtum der angebotenen Rohstoffe verlangte geradezu nach Verfeinerung, nach metamusikalischer Bearbeitung. In einer Zeit, in der alle Klänge und musikalischen Formen durch die neuen Technologien hinstorisch wie geographisch verfügbar geworden sind, geht es mehr denn je um die strukturelle Genauigkeit ihrer Neuordnung. Heiner Goebbels bekennt: »Ich glaube nicht, daß es heute noch möglich ist, originär Neues in der Musik zu schaffen. Aber durch dramaturgische Ordnungen oder ›Dekonstruktionen‹ des vorhandenen Materials ist schon noch Innovation möglich.«

Neben Formationen wie »Cassiber« oder dem Duo mit dem Frankfurter Saxophonisten Alfred Harth wird für Heiner Goebbels die Arbeit mit einem »Pool von Musikern« immer wichtiger. Kurzlebige Kombinationen, allein der Überzeugungskraft musikalischer Einfälle verpflichtet, ordnen ihren Arbeitszusammenhang im Studio ganz dem zukünftigen Produkt unter. »Ich sehe in meiner Generation das wachsende Interesse, von der wilden Experimentierphase zu kommunizierbaren Produkten zu kommen, zu Produkten, die diesen Namen verdienen.«

Im Konzert herrschen andere Gesetzmäßigkeiten: Durch den Druck der Situation, aber auch durch Sicherheit und gewachsenes Zutrauen zur gegenseitigen Risikobereitschaft entsteht ein anderes Reservoir der Inspiration. Die mittlerweile fast klassischen Stücke und Kommunikationsweisen des Duos, aber auch die kreative Unruhe in den Strukturabsprachen des »Cassiber«-Trios legen davon Zeugnis ab.

Trotz exzessiver Studioarbeiten sucht Heiner Goebbels immer wieder die Kommunikation mit dem Publikum, die Wagnisse öffentlicher Auseinandersetzung. Schon seine szenische Aktion mit dem Bühnenbildner Erich Wonder und dem Dramatiker Heiner Müller von 1988 auf dem Berliner Landwehrkanal/Görlitzer Ufer verheimlichte nicht seine Inspirationsquelle: den Vordenker der Moderne, Edgar Allan Poe. Auch die neueste Arbeit von Heiner Goebbels unter dem Titel »Looking Upon The Wide Waste Of Liquid Ebony« gehorcht einer Textvorlage dieses abgründigen Poeten. Er hatte 1841 das ungeheure archetypische Bild vom »Malstrom« geschaffen, der durch die Sogwirkung seines Strudels den Menschen in seinen schimmernden Krater hinabreißt. Heiner Goebbels vertonte den Text in einer Art Oper für die »Ars Electronica« in Linz. In einer dreiteiligen Inszenierung mit einem Quartett musikalischer Gratwanderer und Musikern der Steirischen Kulturinitiative legte Heiner Goebbels den Text als eine Allegorie auf alles Unbekannte offen. Der »Schrecken des Malstroms« erwies sich als das rasende »Tempo täglicher Umdrehungen, in dem immer wieder alte Erfahrungen und Bilder auf- und abtauchen.«

Heiner Goebbels denkt nicht mehr in musikalischen Fortschritts- oder Rückschrittskategorien. Er ist Realist mit einem heimlichen Hang zur Utopie, der sich auf die immer schneller wechselnden Arbeitsbedingungen in der Musikszene einläßt: »Ich jammere weder, daß Jimi Hendrix tot ist, noch finde ich es besonders toll, daß wir mit Ofra Haza den Nahen Osten in der Disco haben. Mir geht es nicht um einen retrospektiven Punkt in der Musik, sondern darum, neue Terrains mit neuen Fragestellungen zu entdecken.«

Peter Kemper

AUFNAHMEN

unter eigenem Namen:

Die letzte Buche, riskant 4006 (Single)
Die Befreiung des Prometheus, riskant
Heiner Goebbels/Heiner Müller, Der Mann im Fahrstuhl, ECM 1369
Heiner Goebbels/Walter Mossmann, Unruhiges Requiem, Trikont US 0113

mit Alfred Harth:

Hommage/Vier Fäuste für Hanns Eisler, SAJ-08
Vom Sprengen des Gartens, SAJ-20
Frankfurt–Peking, riskant 4011
Indianer für morgen, riskant 4001
Bertolt Brecht, Zeit wird knapp, Zweitausendeins, Best. Nr. 28022
Live At Victoriaville, VICTO 04

mit dem Sogenannten Linksradikalen Blasorchester:

Sogenanntes Linksradikales Blasorchester, Trikont US 36
Sog. Linksradikales Blasorchester, Mit gelben Birnen, Trikont US 0063

mit der Gruppe »Cassiber«:
Man Or Monkey, riskant 628624
The Beauty And The Beast, riskant 4010
Perfect World, riskant 4018
auf: Rolf Riehm, Machandelboom, riskant 4007
Duck & Cover, The Ré Records Quarterly Vol. 1 No. 2, Ré 0102

Weiterführende Literatur

Katharina Bleibohm / Wolfgang Sprang (Hrsg.): Neue Szene Frankfurt, Frankfurt 1977.
Carlo Bohländer / Karl Heinz Holler / Christian Pfarr (Hrsg.): Reclams Jazzführer, Stuttgart 1989, 3. Aufl.
Alfons Michael Dauer: Der Jazz. Seine Ursprünge und seine Entwicklung, Kassel 1985.
Leonard G. Feather: The Encyclopedia of Jazz, New York 1955.
Leonard G. Feather: The Encyclopedia of Jazz in the Sixties, New York 1966.
Leonard G. Feather / Ira Gitler: The Encyclopedia of Jazz in the Seventies, New York 1976.
Willi Geipel (Hrsg.): 25 Jahre Jazzkeller Frankfurt, Frankfurt a. M 1977.
Herbert Hellhund: Cool Jazz – Grundzüge seiner Entstehung und Entwicklung, Mainz 1985.
Ekkehard Jost: Europäische Jazz-Avantgarde – Emanzipation wohin, in: Jazzforschung 11, Graz 1979.
Ekkehard Jost: Jazzmusiker, Frankfurt 1982.
Ekkehard Jost: Europas Jazz 1960–1980, Frankfurt 1987.
Ekkehard Jost: Free Jazz – Stilkritische Untersuchungen zum Jazz der 60er Jahre, Mainz 1975.
Ekkehard Jost (Hrsg.): Darmstädter Jazzforum 89 – Beiträge zur Jazzforschung, Hofheim 1990.
Ingrid Karl (Hrsg.): Jazz op. 3 – Die heimliche Liebe des Jazz zur europäischen Moderne, Wien 1986.
Barry Kernfeld (Hrsg.): The New Grove Dictionary of Jazz, London/New York 1988 (2 Bände).
Burghard König: Jazzrock – Tendenzen einer modernen Musik, Reinbek 1983.
Gerhard König/Adam Seide (Hrsg.): Was da ist in Frankfurt – Ein halbes Jahrhundert Kunst und Literatur, Frankfurt 1983.
Horst H. Lange: Jazz in Deutschland, Berlin 1966.
Bert Noglik: Jazz-Werkstatt-International, Reinbek 1983.
Bert Noglik: Verwirrte Botschaften. Zu Heiner Goebbels und Alfred Harths Gruppe »Cassiber«, in: Die WochenZeitung Nr. 10, Zürich 1985.
Arrigo Pollilo: Jazz. Geschichte und Persönlichkeiten, München 1981.
Wolfgang Sandner: Jazz. Zur Geschichte und Entwicklung afroamerikanischer Musik, Laaber 1982.
Bernd Polster (Hrsg.): Swing Heil – Jazz im Nationalsozialismus, Berlin 1989.
Fred K. Prieberg: Musik im NS-Staat, Frankfurt 1982.
Gunther Schuller: Early Jazz, New York 1968.
Werner Schwörer: Jazzszene Frankfurt – Eine musiksoziologische Untersuchung zur Situation anfangs der achtziger Jahre, Mainz 1989.
Mirjam Sohar/Reimer von Essen: Die Geschichte des Jazz in Frankfurt, in: Jazzforschung 5, Graz 1973.
That's Jazz. Der Sound des 20. Jahrhunderts. Katalog zur Ausstellung, Darmstadt 1988.
Joe Viera: Jazz in Europa – Eine zusammenfassende Darstellung, München 1965.

Personenregister

Mitarbeiter des Buches

Mathias Döpfner, geboren 1963 in Bonn, studierte Musikwissenschaft, Theaterwissenschaft und Germanistik in Frankfurt; Promotion mit einer Arbeit über Giacomo Puccini; Studienaufenthalt an der Berklee School of Music in Boston; seit 1981 freier Mitarbeiter der Frankfurter Allgemeinen Zeitung.

Thomas Garms, geboren 1958 in Frankfurt, studierte klassische Gitarre sowie Musikwissenschaft, Germanistik und Psychologie in Frankfurt; musikkritische Tätigkeit, seit 1981 für die Frankfurter Allgemeine Zeitung.

Calle Hesslefors, geboren 1946 in Sundsvall, studierte an der Kunstfachschule Stockholm und auf Öland; Fotograf für schwedische Tageszeitungen, danach als Photo-Editor und Art-Director bei einem amerikanischen Verlag in Frankfurt tätig; 1977/78 auch schreibender Korrespondent für »Espressen«, Stockholm; von 1979 bis 1989 Fotograf für das Magazin der Frankfurter Allgemeinen Zeitung.

Guenter Hottmann, geboren 1955 in Goslar, studierte Germanistik, Politik, Geschichte und Musikpädagogik in Göttingen und Kassel; ausgebildeter Lehrer; als Journalist seit 1982 für die Frankfurter Allgemeine Zeitung, den Hessischen Rundfunk und andere Radiostationen tätig.

Peter Kemper, geboren 1950 in Ramsbeck/Westfalen, studierte Philosophie, Germanistik, Sozial- und Musikwissenschaft an der Universität Marburg, wo er nach der Promotion als Lehrbeauftragter und wissenschaftlicher Assistent tätig war; seit 1980 Mitarbeiter im Feuilleton der Frankfurter Allgemeinen Zeitung, seit 1986 Leiter des Abendstudios im Hessischen Rundfunk.

Andreas Obst, geboren 1959 in Frankfurt, studierte in Mainz, Köln und Frankfurt Germanistik, Amerikanistik, Theater-, Film- und Fernsehwissenschaften sowie Musikwissenschaft und Musik; Magister Artium mit einer Arbeit über die Geschichte der deutschen Fernsehkritik, seit 1978 Mitarbeiter verschiedener Zeitungen und Zeitschriften, seit 1984 vorwiegend für die Frankfurter Allgemeine Zeitung.

Ulrich Olshausen, geboren 1933 in einer schwäbischen Kleinstadt, zunächst Ausbildung als Tontechniker, danach Studium von Musikwissenschaft, Physik und Englisch in Frankfurt; Dissertation über ein Thema aus der Shakespeare-Zeit; von 1963 bis 1967 Tontechniker beim Hessischen Rundfunk, seit 1967 Jazzredakteur dort, seit 1980 zusammen mit Peter Kemper verantwortlich für das Programm des Deutschen Jazzfestivals und des Internationalen Art Rock Festivals in Frankfurt; musikkritische Tätigkeit, vor allem für die Frankfurter Allgemeine Zeitung, seit den sechziger Jahren.

Detlev Reinert, geboren 1960, studierte Germanistik, Politik und Musikpädagogik; Magister Artium mit einer Arbeit über Walter Benjamin; Musikkritiker und ständiger Mitarbeiter der Jazzredaktion des Hessischen Rundfunks, des Südwestfunks, des Norddeutschen Rundfunks und des Deutschlandfunks sowie der Frankfurter Allgemeinen Zeitung.

Dieter Römer, geboren 1960 in Neustadt an der Weinstraße, musikkritische Tätigkeit, zunächst für eine Tageszeitung in Hanau, wo er volontierte und in mehreren Bands Gitarre spielte, später Studium von Germanistik, Philosophie und Musikwissenschaft in Frankfurt; seit 1989 Redakteur der Frankfurter Allgemeinen Zeitung.

Arman Sahihi, geboren 1956 in Teheran, studierte Literaturwissenschaft in Frankfurt, wo er 1989 promovierte; Sachbuchautor (Musik und Film), seit 1986 Mitarbeiter der Frankfurter Allgemeinen Zeitung.

Wolfgang Sandner, geboren 1942 in Osek, studierte Musikwissenschaft, Romanistik und Neuere Geschichte in Frankfurt; Promotion mit einer Arbeit über Carl Maria von Weber; von 1971 bis 1977 Schallplattenproduzent für zeitgenössische Musik; Lehrauftrag für Popularmusik an der Universität Frankfurt bis 1987; seit 1981 Redakteur der Frankfurter Allgemeinen Zeitung.

Uwe Schmitt, geboren 1955 in Frankfurt, von 1975 bis 1985 Jazz- und Theatermusiker, 1982 Mitarbeiter, 1985 Redakteur und seit 1990 Ostasien-Korrespondent der Frankfurter Allgemeinen Zeitung.

CIP-Titelaufnahme der Deutschen Bibliothek

Jazz in Frankfurt / hrsg. von Wolfgang Sandner. Mit Fotos von Calle Hesslefors. – Frankfurt am Main: Societäts-Verl., 1990
ISBN 3-7973-0480-3
NE: Sandner, Wolfgang [Hrsg.]